Paul Heller, Guntard und Renate Linde

Kirchen in und um Gera

Paul Heller
Guntard und Renate Linde

KIRCHEN IN UND UM GERA

Evangelische Verlagsanstalt
Berlin

Schrifttum der Pressestelle
der Evangelisch-Lutherischen Kirche
in Thüringen

ISBN 3-374-00211-0

1. Auflage

Lizenz 420.205-171-87. LSV 6400. H 5728-VA 011.
Gestaltung: Werner Hahn
Printed in the German Democratic Republic
Gesamtherstellung: Karl-Marx-Werk Pößneck
01380

„Kirchen in und um Gera“ beschreibt beständige Elemente in einer sich rasch wandelnden Landschaft. Gera ist in wenigen Jahren zur Großstadt geworden. Das umliegende Land ist in den Veränderungsprozeß einbezogen. Es ist wichtig, an Hand der Kirchen ein Stück Geschichte kennenzulernen. Die beschriebenen Gotteshäuser sind Heimat der feiernden Gemeinde. In ihnen will sich in allem Wechsel der ewige Gott in Wort und Sakrament finden lassen und Wegweisung und Trost geben.
Der Verfasser des Buches ist in der Geraer Landschaft zu Hause. Mit großer Liebe hat er versucht, das Besondere eines jeden Ortes in seiner Geschichte und seinen Menschen, in ihrem Erleben und Wirken, zu erfassen und wiederzugeben. Im Mittelpunkt stehen die Kirchen als steinerne Zeugen für den Glauben der Generationen vor uns bis auf den heutigen Tag. Aus diesen alten und neuen, den großen und den kleinen, den prächtigen und den schlichten Gotteshäusern in Stadt und Land nahmen und nehmen sie die Botschaft von der Liebe und Gnade Gottes in Jesus Christus in ihr alltägliches Leben.

Otto-Heinrich Müller
Superintendent

Zur Einführung

Das Buch „Kirchen in und um Gera“ will die Gemeinden und ihre Gotteshäuser in Geschichte und Gegenwart vorstellen, die heute die Superintendentur Gera umfaßt. Sie liegen mit dem durch Eingemeindungen und Neubau-Wohngebieten weit ausgreifenden Stadtgebiet von Gera und den kleinen und größeren Orten eingebettet in eine Landschaft, die als Ausläufer des Elsterberglandes wechselnde Bilder einer Tal- und Hügellandschaft und dann wieder einer fast ebenen Hochfläche bietet. Bahnlinien, Fernverkehrsstraßen und Autobahn durchqueren sie. Mitte ist die Stadt im Tal der Elster, um die wie ein Kranz die Dörfer in den Bachtälern, an ihren Hängen und auf den abgeflachten Höhen liegen. Neben Neubauten prägen weithin noch die Fachwerkhäuser das Ortsbild dieser Dörfer.
So wechselvoll wie ihre äußere Gestalt ist auch die Geschichte der Landschaft. Den wenigen und kleinen sorbischen Stämmen, die sich vor der Jahrtausendwende im Tal und an seinem Rande niedergelassen hatten, schlossen sich im 11. und 12. Jahrhundert fränkische und thüringische Bauern als Siedler an. Vielfach kam es aber auch zur Neugründung von Straßendörfern auf gerodetem Waldboden entlang der Bäche. Das anfangs unter der Hoheit der Vögte von Weida, der Quedlinburger Stiftsvogtei Gera und der Reichspflege Langenberg stehende Gebiet war um die Mitte des 14. Jahrhunderts im Besitz der Vögte von Gera, dann der Reußen. Bei Auflösung der Territorialstaaten im Jahre 1919 gehörte es zu Teilen des Fürstentums Reuß jüngere Linie, des Großherzogtums Sachsen-Weimar, des Herzogtums Sachsen-Altenburg und des Königreiches Sachsen.
Der für die Entwicklung des Reußischen Gebietes bedeutsamste Regent war Heinrich Posthumus (1572–1635). Er zählt zu den wenigen Landesherren seiner Zeit, die sich mit besonderer Umsicht ihrer Landeskinder annahmen. Dieser bewußt lutherische Herr erneuerte nicht nur durch Errichtung des Reußischen Konsistoriums und der Gründung der Reußischen Gelehrtenschule, des Gymnasiums illustre Ruthenum, das Kirchen- und Schulwesen, er gab auch der Rechtspflege eine neue Ordnung und legte

durch gezielte Förderung des heimischen Gewerbes den Grund zum wirtschaftlichen Aufschwung der Stadt.
Diese hat ihren Ursprung in einem Quedlinburger Stiftsgut, das zwischen dem alten sorbischen Dorf Zschochern und dem südwestlich davon gelegenen, späteren Vogteischloß, der alten Stadtburg, gelegen hatte. Im Jahre 999 hatte Kaiser Otto III. seiner Schwester Adelheid, Äbtissin des Stiftes Quedlinburg, die „provincia Gera“, den Landstrich Gera, übereignet. Der Landschaftsname ist später auf die Ortschaft übergegangen, die dann vor 1237 Stadtrecht erhalten hatte. Nach der Zerstörung im Jahre 1450, den Bränden von 1639 und 1686 und der großen Brandkatastrophe von 1780 waren die Bürger jedesmal mit Tatkraft an den Wiederaufbau herangetreten. Wesentlichen Anteil am wirtschaftlichen Aufschwung der Stadt hatte das bereits 1487 bezeugte Tuchmacherhandwerk und 100 Jahre später Nicolaus de Smit. Dieser Wirtschaftspionier, der 1595 als holländischer Glaubensflüchtling von Heinrich Posthumus aufgenommen und in Gera ansässig geworden war, gilt als der eigentliche Begründer der Geraer Textilindustrie. Sein Denkmal steht außen an der Westwand der Trinitatiskirche. Mit dem Übergang zur industriellen Produktion in der Mitte des vorigen Jahrhunderts setzte dann der sprunghafte Aufstieg Geras zu seiner heutigen wirtschaftlichen Größe und Bedeutung ein.
Zu dieser Landschaft gehören die Kirchen, die das vorliegende Buch vorstellt. Die christlichen Siedler wollten auch in der neuen Heimat ihre Gotteshäuser haben. Vorerst waren es kleine Kirchen und Kapellen. Ihr Mauerwerk ist noch im Chor mancher Dorfkirche erhalten, in wenigen Fällen sogar noch die Apsis, in der der Altar gestanden hatte. Mit der Erweiterung der Kapellen zu Pfarr- und Filialkirchen im 13. und 14. Jahrhundert erhielt der Chor als Oberbau den Turm zur Aufnahme der Glokken und angebaut das Langhaus als Raum für die Gemeinde. Mit dem 17. und 18. Jahrhundert begann die Zeit, in der die alten Kirchen baufällig oder zu klein geworden waren. Ihr Zustand machte eine Reparatur oder einen Neubau notwendig. So erfuhren fast alle Kirchen unseres Gebietes damals eine neue Gestaltung. Weithin trat an die Stelle des gotischen Flügelaltars die Kanzelwand hinter dem Altar. Zugleich fand in Malerei und Schnitzerei die Kunst des Barock und Rokoko in mehr oder minder ausgeprägter Form Eingang in die Kirchen. Veränderungsbauten der nachfolgenden Zeit haben nur wenig zur Bereicherung der Innenausstattung beigetragen. Erst seit Mitte unseres Jahrhunderts haben viele der Gotteshäuser durch verantwortungsvolles Restaurieren und Erneuern wieder eine würdige und freundliche Gestaltung erfahren. Daran ist abzulesen, was

Liebe zum Haus Gottes, Opfersinn und Einsatzfreudigkeit der Gemeinden zu tun vermögen. Seit unsere Vorfahren Kirchen errichtet und an ihnen gebaut haben, war ihnen das Gotteshaus der Hort, aus dem sie den Schatz des Evangeliums in Wort und Sakrament als Wegweisung und Trost heimtrugen.

Stadt- und Hauptkirche

St. Johannis zu Gera

Stadt- und Hauptkirche von Gera ist die Johanniskirche. Ihren Standort zwischen Hauptbahnhof und Stadtkern hat sie erst seit 1885. Bis 1780 stand sie auf dem ehemaligen Johannisplatz. Bereits vor 1200 in der Nähe der alten Stadtburg gegründet, wurde sie dreimal durch Feuer zerstört: 1450 im Hussitenkrieg, 1639 durch die Schweden und 1780 beim großen Stadtbrand von Gera. Der Wiederaufbau nach 1450 und 1639 ließ jedesmal eine prächtiger ausgestattete Kirche erstehen. Nach dem Brand von 1780 blieb die Ruine bis 1824 ungeräumt. Ein Neubau war vorerst nicht möglich, die Geraer hatten all ihr Hab und Gut verloren. Lange Zeit war man sich dann über den Standort der neuen Hauptkirche nicht einig und schob den Wiederaufbau immer weiter hinaus. Erst das Jahrhundertgedächtnis der Brandkatastrophe gab den Anstoß zum Neubau. Mittlerweile hatte sich aber die Stadt so erweitert, daß man nach einem neuen Standort suchen mußte und ihn schließlich im damaligen nördlichen Neubaugebiet fand. Am 18. 9. 1881 wurde der Grundstein gelegt, am 18. 9. 1885 erfolgte die Einweihung. Gera hatte wieder seine Hauptkirche in der Johanniskirche, wenn auch an anderem Platz. Auch der Name war, obgleich unverändert geblieben, ein anderer geworden. War die alte Kirche nach Johannes dem Täufer benannt, so nun die neue nach Johannes dem Evangelisten.

Es war ein mächtiger Bau geworden, nach damaligem Urteil „die prächtigste und schönste unter den neuen Kirchen der thüringisch-sächsischen Länder“. In Nachahmung historischer Stilformen will das im Grundriß als gedrungenes Kreuz aus Klinkersteinen errichtete Gotteshaus an die Gotik erinnern. Die Fassade hat durch Chorschluß, Querhausarme, Treppentürme, Vorbauten, Strebepfeiler und Portale eine kräftig belebte Gliederung erfahren und wird durch Fenster und Rosetten unterschiedlicher Größe noch bereichert. Auch der Turm an der Südwestecke der Kirche zeigt reiche Aufgliederung. Mit seinem spitzen Helm aus Sandstein steigt er 70 Meter hoch auf und überragt noch immer die modernen Hochbauten von Gera. Bei der Innengestaltung hat man bis auf das Kreuzrippengewölbe von einer Nachahmung des gotischen Baustils abgesehen. Für eine große Gemeinde als Hallenbau eingerichtet, ist in ihr alles weit und hoch. Das breite Langhaus mit dem großen Mittelschiff und den von Stützbogen getragenen breiten Emporen, die sich bis in die Querhausarme hineinziehen, bietet mehr als tausend Plätze. Die Kreuzbachorgel, 1931 von der Orgelwerkstatt Jehmlich erneuert, hat als farbig leuchtenden Hintergrund die große Westrosette über sich. Tonklang und Farbenspiel dienen so gemeinsam der Andacht. Als Taufkapelle ist die nördliche Raumerweiterung des Querhauses genommen. Hier hat auch das einzige aus der alten Kirche gerettete wertvolle Stück, das Kruzifixus von 1650, seinen Platz auf dem Taufaltar. Das Kreuz aus Ebenholz trägt auf der Vorderseite den Corpus Christi, auf der Rückseite die Figur der Maria, beides in Silber getrieben.

Bei der umfassenden Erneuerung von 1973 bis 1976 haben Farbgebung und Neugestaltung eine Raumwirkung geschaffen, der man sich schwerlich entziehen kann. Sie wird noch erhöht durch die farbkräftigen Bilder in den großen Buntfenstern des Chores. Ganz neu sind der Altartisch und die zu ebener Erde stehende Kanzel. Alt, fast ein halbes Jahrtausend alt, sind der lebensgroße Kruzifixus, der im Triumphbogen über dem Altar hängt, und der gotische Flügelaltar unter den Chorschlußfenstern. Das Kreuz hing früher in der Kirche zu Gumperda, der Schnitzaltar gehörte zur Kirche in Tinz. Im Mittelschrein steht Maria mit dem Jesuskind auf dem Arm, ihr zur Rechten die heilige Barbara und die heilige Margaretha, zur Linken die heilige Magdalena und Anna Selbdritt. In den rechten Seitenflügel sind die Heiligen Andreas und Sebastian, in den linken die Bischöfe Severin und Valentin eingefügt. Alle Figuren zeigen die vortreffliche Arbeit aus einer Werkstatt, die wohl in Zeitz zu suchen ist. Den weiblichen Figuren hat der Künstler ein eigentümliches Lächeln in die Gesichtszüge eingearbeitet. Meistens sind sie ausdruckslos, während die männlichen Figuren stets, wie auch hier, prägnante Gesichtszüge tragen.

Was 1885 nicht möglich gewesen war, ist hundert Jahre später möglich geworden. Die Kirche St. Johannis Evangelistae, erbaut in Nachahmung der Gotik, hat mit Hochkreuz und Schnitzaltar echte Gotik erhalten. Restaurierung und Renovierung haben alles harmonisch zu einem guten Ganzen gefügt.

Außen Barock, innen Jugendstil

St. Salvator zu Gera

In den Jahren 1717–1720 erhielt Gera, für dessen angewachsene Gemeinde die Johanniskirche nicht mehr ausreichte, seine zweite Kirche, die Kirche St. Salvator auf dem Nicolaiberg. Sie wurde nach den Plänen des Kursächsischen Landbaumeisters David Schatz im Barockstil erbaut, vorerst noch ohne Turm. Die finanziellen Mittel waren erschöpft. Erst 1778/79 konnte ihn der Geraer Ratszimmermeister Gottfried Dicke 64 Meter hoch errichten. Ein Jahr später brannte er mit der Kirche beim Stadtbrand von 1780, der ganz Gera vernichtete, aus. Da die Beschädigungen am Mauerwerk der Salvatorkirche geringer waren als an dem der Johanniskirche, ging man sogleich an ihren Wiederaufbau auf dem Nicolaiberg. Nach einer Bauzeit von nur 10 Monaten hatte Gottfrid Dicke das Werk mit Hilfe Geraer Handwerker vollendet.

Am 25. 12. 1782 konnte die Geraer Gemeinde mit St. Salvator ihre neue Stadtkirche einweihen. Sie blieb es bis zum Neubau der Johanniskirche im Jahr 1885.

Im Jahr 1903 erfuhr die Kirche, die in ihrer äußeren Gestalt noch heute einem Barockbau gleicht, eine tiefgreifende Veränderung in ihrem Innern durch eine einheitliche Gestaltung im Jugendstil. Diese neuartige Stilrichtung, deren Wert erst heute recht erkannt wird, bestimmt ganz und gar die Innenausstattung. Der hohe Raum, ein barocker Saalbau, ist ganz von Licht erfüllt. Alles in ihm ist harmonisch aufeinander abgestimmt. Was Jugendstil ist, das lernt man hier kennen. Der Altar, die Kanzel mit ihrer Treppe und die Taufe aus Marmor sind so bewegt gestaltet, daß das Auge den Formen suchend nachgehen muß. Eine reiche Ausstattung mit Blumen- und Pflanzenmotiven als Stuckornament begegnet überall, wo Flächen vorhanden sind. Am reichsten ist diese Ausschmückung an Altar, Kanzel und Pilasterkapitellen, am schönsten im stilisierten Rosenfries an den Emporen zu finden. Daß zwischen und aus diesen Motiven an die 70 kleine Engelsköpfe hervorlugen, verleiht dem Raum etwas Heiteres. Die größte Stuckarbeit ist die Decke, die den gesamten Raum überzieht. Aus einem Wolkengebilde begegnet segnend der auferstandene Herr seiner Gemeinde. Dieses riesige Stuckbild steht im Zusammenhang mit den drei Buntglas-

fenstern hinter der Kanzel: der Segnende ist der in der Krippe geborene, das Wort Gottes bringende und am Kreuz das Heil vollendende Christus. Was von der Kanzel zu hören ist, an Fenstern und Decke ist es nachzulesen. Auch die Geschichte der Kirche ist im Bild festgehalten. Beiderseits der Kanzel zeigen Mosaikgemälde die Grundsteinlegung der Kirche im Jahre 1717 und ihre Wiedereinweihung von 1782.
Die Salvatorkirche ist zugleich auch Ruhestätte des Hauses Reuß-Gera. 1802 wurde der letzte Geraer Herr, Heinrich XXX., hier beigesetzt, 1922 fanden die Särge der Reußen, die bis dahin unter der ehemaligen Johanniskirche gelegen hatten, Aufnahme in der Gruft an der Nordostecke der Kirche. Auch Heinrich Posthumus, der bedeutendste aller Reußen, ruht nun hier. Bei der von 1967 bis 1969 durchgeführten Erneuerung der Heizungs- und Beleuchtungsanlage und der Dacheindeckung wurde auch der Innenraum neu in Weiß, Gold und lichten Farben gefaßt. Zu diesem Gotteshaus eigner und einheitlicher Prägung führt eine breite und hohe Freitreppe. Sie war 1898 nach Abbruch von Gebäuden errichtet und 1984/87 erneuert worden. Ihr Geländer aus Sandsteinbalustern läuft oben weiter und umzieht die Kirche. Für die Gemeinde ist die Kirche ein Haus, würdig dem Wort, das in ihm verkündigt wird, für die Stadt eine der sie prägenden Bauten.

Einst vor der Stadtmauer gelegen

St. Trinitatis zu Gera

Von den drei Kirchen in der Mitte der Stadt von heute ist die Trinitatiskirche die kleinste, zugleich aber auch die älteste. 1611 wurde sie durch Erweiterung der ehemaligen Kapelle Sanctae Crucis als Begräbniskirche für den seit 1556 außerhalb der Stadtmauern gelegenen Friedhof gebaut, 1855 als weitere Predigtkirche für die angewachsene Stadtbevölkerung genommen und 1886 zur Pfarrkirche für die südlichen Stadtteile erhoben. Erst im 19. und 20. Jahrhundert erfolgten bauliche Veränderungen. 1841 erhielt sie aus der abgebrochenen Wolfgangskapelle – sie stand am Beginn der Talstraße – die kleine spätgotische Außenkanzel, die mit ihrer reichen

Maßwerkgliederung die Ostmauer ziert. Der neugotische Turm mit seinem hohen Spitzhelm ist ein Anbau aus dem Jahre 1899. Mit der Restaurierung von 1968–1970, bei der die Umgestaltungen von 1868 und 1952 teilweise wieder rückgängig gemacht wurden, hat die Kirche im Inneren die Schönheit von einst zurückerhalten.

Der Chorraum hinter dem breiten Triumphbogen ist reich mit Kunstwerken der Malerei und Skulptur des 17. und 18. Jahrhunderts ausgestattet. Das Altarbild, das Gott-Vater und Christus im Stil der italienischen Renaissance darstellt, ist ein Werk des Geraer Malers David Nieke aus der Zeit um 1700. Älter, aus dem Jahr 1630, sind die beiden Kunstwerke seitwärts des Altars. Das Epitaph des Benedict Pascha hat zu Füßen eines überhohen Kruzifixes eine Kreuzigungsgruppe mit lebensgroßen Schnitzfiguren des Stifters, seiner Ehefrau und des Johannes und der Maria Magdalena. Das Epitaph zählt zu den bedeutenden Werken des Geraer Malers und Bildschnitzers Johann Dobenecker. Das große Abendmahlsbild, das die Wand gegenüber ganz ausfüllt, erinnert an die Jahrhundertfeier der Übergabe der Augsburger Konfession. Das figurenreiche Gemälde zeigt Luther und Melanchthon bei der Austeilung des Heiligen Abendmahls an Heinrich Posthumus und seine Frau. Im Hintergrund sind die Reichsfürsten und Vertreter der Freien Städte zu sehen, die als erste die Reformation eingeführt hatten. Ein reich verziertes Rahmenwerk und die Bilder der Geraer Superintendenten von 1565 bis 1682 schließen das große Gemälde nach oben und unten ab. Als jüngstes Denkmal steht hinter dem Triumphbogen das Epitaph des Reußischen Kanzlers Johann von Freiesleben aus der Zeit nach 1770. Dem Obelisk-Monument, das reichen Barockzierat trägt, sind eine Frauen- und eine Knabenfigur beigestellt. Ein Kunstwerk besonderer Art ist die Alabasterkanzel. Ihr Portal, über dessen verziertem Quergesims der erhöhte Christus steht, öffnet sich zu einer steinernen Treppe. Ihr Geländer trägt in verzierter Umrahmung biblische Gestalten. Schaft, Konsole und Brüstungsfelder der Kanzel zeigen zwischen Schmuckornamenten Mose, Engelsköpfe und die Evangelisten. Als Gesamtwerk wie auch in allen Einzelstücken ist die Kanzel das Meisterwerk eines bisher noch unbekannten Künstlers aus der Zeit der Spätrenaissance. Es wurde für die Schloßkirche in Reinhardsbrunn geschaffen. Seit 1970 gehört es, wie auch der noch ältere Taufstein aus der ehemaligen Kirche von Culmitzsch, zu den wertvollen sakralen Kunstwerken der Trinitatiskirche.

Der gelungenen Restauration des Chorraumes steht die des Langhauses in keiner Weise nach. Nach Freilegung der 1868 überputzten Holzdecke, die auch den Chorraum überzieht, hat die Kirche wieder ihre kunstvolle

Kassettendecke von 1630. Längs- und Querbalken sind stark gekehlt. Rollmuster und Fruchtgirlanden, so schön wie einst, zieren wieder in kräftigem Bunt die Zwischenfelder. Auch die damals entfernten Emporenbilder, Szenen aus dem Alten Testament, sind nun wieder angebracht und an der Orgelempore sichtbar. Der moderne Prospekt der alten Orgel mag wohl überraschen, aber er trägt auf seine Weise, wie auch die herrlichen Brabanter Kronleuchter, zur künstlerischen Bereicherung der Kirche bei.
Als die Trinitatisgemeinde ihr mit viel Mühe, Opfer und Liebe erneuertes Gotteshaus im Mai 1970 einweihte, erklang zum erstenmal nach langer Zeit wieder ihre älteste Glocke. Sie war 1518 für die Wolfgangskapelle gegossen worden, fand dann 1841 im kleinen Dachreiter der Trinitatiskirche Aufnahme und mußte im 2. Weltkrieg zum Einschmelzen abgeliefert werden. Sie hat überlebt und wurde im Glockenlager Hamburg aufgefunden. 1969 brachte sie Landesbischof Mitzenheim als Reisegepäck im Kofferraum heim nach Gera. Nun ist sie wieder zu hören, nicht wie einst vor der Stadt, sondern mitten im modernen Stadtzentrum.

In sieben Jahren zweimal geweiht

St. Michael zu Gera

Pforten gehört zu den Rittersitzen, die schon vor 1200 am Eingang der Seitentäler zur Elster errichtet worden waren. Jahrhundertelang bildeten das Gut und die wenigen Fronhäuser einen recht kleinen Ort am Eingang des Gessentales. Erst nach und nach vergrößerte er sich. Seit Mitte des 19. Jahrhunderts führte die stark zunehmende Industrialisierung in Gera auch zum Bau von Häusern am Nordhang des Pfortner Berges nach Gera zu. 1919 wurde Pforten nach Gera eingemeindet. Aufsehen erregte es, als man 1874 bei den Bauarbeiten die „Lindenthaler Hyänenhöhle“ entdeckte und in ihr neben Knochen prähistorischer Tiere auch Zeugnisse menschlicher Frühkultur fand.
Bis 1632 gab es eine Kapelle in der Nähe des Rittergutes, die von Gera aus versorgt wurde. Von da an waren die Pfortner nach Gera gewiesen. Erst 1939 erhielten sie auf der Bergkuppe, der Trennungslinie zwischen

dem dörflichen und dem städtischen Teil dieses Vorortes, ihre Kirche. Das kleine Gotteshaus hat bereits Geschichte gemacht. Bei der Einweihung durch die „Deutschen Christen" hatte der kleine Dachreiter anstatt des Kreuzes ein Hakenkreuz erhalten. 1946 wurde die Kirche nochmals geweiht, weil diese Weihe nicht anerkannt werden konnte. Damals erhielt sie den Namen „St. Michael". Der Glockenturm mit flachem Zeltdach und Kreuz steht seit 1951. Für eine Vorstadtgemeinde, die ohne Tradition neu beginnt, ist diese modern eingerichtete Kirche das rechte Gotteshaus. Es ist mit allem, was für den Gottesdienst nötig ist, ausgestattet.
Hohe Fenster lassen viel Licht ein, die große Michaelsfigur in der Altarnische strahlt es zurück. Das aus farbig verschiedenem Metall zusammengefügte Kunstwerk verteilt je nach Lichteinfall unterschiedliche Farbtöne in den Raum. Er wäre niedrig, hätte man ihn nicht über die Wände hinaus bis in die halbe Dachschräge erhöht. Die kleine Kirche, umgeben von Gartenanlagen und überschattet von schon hochgewachsenen Bäumen, ist Sammelpunkt einer kleinen Gemeinde aus Pforten und gern gesehener Gäste, die aus der Stadt kommen.

Nicht zu übersehen

St. Peter zu Gera-Leumnitz

Inmitten der Grünanlage des alten Gottesackers, umgeben von Sträuchern und hohen Bäumen, umzogen von einer alten Bruchsteinmauer, steht die alte Kirche von Leumnitz im Wirrwarr recht unterschiedlicher Gebäudeformen. Man kann sie nicht übersehen.
Bereits 1919 hatte sich die Stadt Gera so weit ausgedehnt, daß sie sich auch das Dorf Leumnitz oben am östlichen Höhenrand eingemeindete. Bis 1604 versorgte ein Geraer Kaplan das Dorf, von 1604 bis 1886 war es Filial der entfernt gelegenen Dorfpfarrei Zwötzen, und von da bis 1928 betreuten erst der Diakonus von Untermhaus und dann der Pfarrer von Schwaara die Gemeinde. Seitdem ist Leumnitz Pfarrstelle IX von Gera, zu der seit 1955 Thränitz als Filial gehört.
Die Kirche liegt mitten im alten Dorfteil, überragt von ihrem hohen, gesimslos aufsteigenden Turm. Sie reicht weit in die Vergangenheit zurück. Apsis und Turm gehören im Superintendenturbereich zu den wenigen fast

unverändert gebliebenen Zeugen der spätromanischen Bauperiode. In der Halbkuppel der Apsis mit kleinem Ostfenster und Chorbogen mit Gesims und im Chorraum mit Triumphbogen ist noch die alte Kapelle aus dem Anfang des 13. Jahrhunderts zu finden. Mit dem späteren Anbau des Langhauses ist die Kirche von heute entstanden. Ihre Ausstattung ist sehr schlicht. Recht alt mag der Steinaltar sein. Zu den Ausstattungsstücken von 1833 gehört die Orgel aus der Werkstatt Poppe-Altenburg. Gestühl und Empore gehören dem 19. Jahrhundert, das Kanzelpult dem 20. Jahrhundert an. Ganz neu ist der kleine Gemeinderaum unter der Orgelempore.

Kaum zu sehen

Thränitz

Meist erübrigt sich die Frage nach der Kirche, ihr Turm überragt Häuser und Gehöfte und ist ein verläßlicher Wegweiser. Anders in Thränitz, oben über dem Gessental, zwischen Gera und Ronneburg. Der Turm ist so niedrig und mit dem Kirchengebäude so hinter Bäumen versteckt, daß man beide erst richtig wahrnimmt, wenn man auf den Friedhof kommt. Der Turm ist auffallend mächtig und dick und eben niedrig. Er endet schon in Dachhöhe der Kirche, eine flache Barockhaube deckt ihn ab. Ihn höher zu bauen, dazu hatten 1721 die Mittel der Gemeinde nicht ausgereicht.
Der Ortspfarrer Sartorius gibt in der Chronik von 1697 eine Beschreibung der Kirche. Seit der Erneuerung von 1619 waren Altar, Kanzel, Emporen und Decke mit Gemälden und Bildern aus dem Heilsgeschehen ausgeschmückt. Aber bereits 1712 war die Decke so baufällig, daß „ohne Gefahr für Leib und Leben nicht mehr Gottesdienst gehalten werden konnte". Ein Jahr später erhielt die Kirche nach Erhöhung des Mauerwerkes Dach, Decke und Empore neu. 1719 mußte dann auch noch der Turm ganz abgetragen und durch einen Neubau von Grund auf ersetzt werden. 1721 war das Geld verbaut und damit der Turmbau zu Ende.
Das Kircheninnere hat mit der Umgestaltung von 1952 sein heutiges Aussehen erhalten. Den hohen und weiten Chorraum unterm Turm nimmt ganz der hohe, schmucklose Altarbau ein. Hinter dem hölzernen Altartisch umgrenzen hohe Pilasterbündel und ein darüberliegender Dreiecksgiebel eine glatte Bretterwand. Aus ihr trat einst die Kanzel hervor, jetzt ist an

der leeren Wand ein einfaches Holzkreuz befestigt. Die Kanzel, geschmückt mit den Bildern der Apostel, hängt heute am Südpfeiler des Triumphbogens. Ihr gegenüber steht der alte Taufstein. Die Umgestaltung von 1952 hat den Chorraum unberührt gelassen, dem Langhaus aber ein recht freundliches Aussehen gegeben. Die nicht mehr benötigten Seitenemporen wurden entfernt, die Orgelempore weiter nach vorn gezogen und die Holzdecke erneuert. Die Decke, die den Chorraum überzieht, könnte noch aus dem Jahr 1713 stammen. Die Felder zwischen den stark gekehlten Balken sind später überputzt und mit bunter Ornamentmalerei verziert worden. Die Glocken von 1462 und 1501 sind die ältesten noch vorhandenen Teile der Ausstattung in der Kirche von Thränitz. Seit einem halben Jahrtausend rufen sie die Christen von Thränitz und den eingepfarrten Dörfern Collis, Grobsdorf und Zschippern unter Gottes Wort.

Unter dem Schloß gelegen

St. Marien zu Gera-Untermhaus

Untermhaus war noch bis ins 19. Jahrhundert ein Ort mit wenigen Häusern zu Füßen von Schloß Osterstein. Die alte Burg auf dem Hainberg hatte unten an der Elster einen Wirtschaftshof. Hier, „unter dem Haus", bestand bereits im 12. Jahrhundert eine kleine Siedlung, die dann bis in die Neuzeit in Verbindung mit dem Schloß geblieben ist. Als nach der Zerstörung von Gera im Jahre 1450 die Residenz der Herren von Gera aus dem Stadtschloß auf das Elsterschloß verlegt wurde, erhielt der kleine Ort eine Kapelle, die heutige Kirche St. Marien. Erst seit 1722 fanden in ihr regelmäßig Gottesdienste statt, vorher nur mit Genehmigung des Landesherren. 1736 wurde sie zur Pfarrkirche für Untermhaus und die damaligen Dörfer Cuba und Gries erhoben.
Die Kirche ist ein spätgotischer einschiffiger Bau, der bis heute in seiner äußeren Gestalt unverändert geblieben ist. Der Turm an der Nordseite des Chores wurde erst im 16. Jahrhundert aufgeführt. Seine Bedachung, zwei sich kreuzende Satteldächer mit Blendmaßwerk in den Giebeln, zeigen unverkennbar den Stil der Renaissance. Gotisch geprägt ist der Chorraum mit Kreuzrippengewölbe und Flügelaltar aus der Zeit um 1500. Der Mittelschrein zeigt in kunstvoller Schnitzerei Szenen aus dem Marienleben.

In der Mitte steht die gekrönte Maria, das Jesuskind auf dem Arm. Beiderseits sind oben die Ankündigung der Geburt Jesu an Maria und der Besuch Marias bei Elisabeth, unten die Geburt Jesu und die Anbetung durch die Weisen dargestellt. Die Bildtafeln auf den Seitenflügeln zeigen rechts die Darbringung Jesu im Tempel und den Kindermord von Bethlehem, links die Bilder von der Flucht nach Ägypten und vom Tod der Maria. Wird der Altar geschlossen, dann werden Bilder aus dem Ostergeschehen und der beiden Heiligen Margaretha und Elisabeth sichtbar. Der Flügelaltar war 1736 entfernt und durch einen Kanzelbau ersetzt worden. 1882 kam er an die Seitenwand, 1936 an seine alte Stelle. Nach der Restaurierung im Jahr 1984 leuchtet er wieder in Gold und in den kräftigen Farben wie einst.
Bei der Umgestaltung von 1882 hat das Langhaus das Holztonnengewölbe, die weit vorgezogenen Emporen und die Orgelempore mit Orgel erhalten. Kanzel und Taufstein stammen in der heutigen Form aus den Jahren 1936 und 1975. Das recht dunkel gebeizte Holzwerk gibt dem Langhaus ein etwas düsteres Gepräge. Man vergißt es, wenn man in den Chorraum hineinschaut. Ist es ein unbeabsichtigtes Symbol dafür, daß die im Dunkeln sitzen, das Licht sehen?

Muster für alt und neu

St. Ursula zu Gera-Lusan

Lusan war bislang ein kleines Bauerndorf im Süden von Gera. Im Jahre 1919 wurde es in die Stadt eingemeindet, seit 1972 entstand aus dem kleinen Ort das größte Neubauwohngebiet des Bezirkes Gera für 45 000 Einwohner. Es hat den Namen des alten Dorfes, das kaum noch zu bemerken ist, übernommen. Auch die Kirche von Lusan, nunmehr das älteste Bauwerk der Stadt, muß man erst suchen.
Als Anfang des 13. Jahrhunderts Lusan und Oberröppisch vom Gebiet der Vögte von Weida abgetrennt und der Herrschaft Gera zugewiesen wurden, war ein Gotteshaus in Lusan bereits vorhanden. Diese spätromanische Anlage aus der Zeit um 1200 ist im Turmerdgeschoß, dem Chor, und in der sich östlich anschließenden Apsis erhalten. Langhaus und Sakristei

könnten Bauten aus dem Jahr 1333 sein; die in einen Stein an der Südwestecke des Turmes eingemeißelte Jahreszahl gilt als Hinweis auf diese Erweiterungsarbeiten. Der Einbau der Empore erfolgte vermutlich 1767, als eine umfassende Umgestaltung das Innere der Kirche stark veränderte. Damals wurden Altar, Kanzel und Orgel übereinander in den Triumphbogen eingebaut, und der Raum dahinter als Sakristei genommen. Erst die Restaurierungsarbeiten von 1934 haben den früheren Zustand wieder hergestellt. Mittelpunkt ist der schlichte steinerne Altar vor dem Chorbogen. Seitwärts davor befindet sich, kaum auffallend, ein als Kanzel und Lesepult dienendes schmiedeeisernes Gitterwerk. Viel Licht, vom großen Südfenster her einfallend und von hohen, weißgekalkten Wänden zurückgegeben, erhellt den Raum. Das kleine Buntglasfenster in der Apsis setzt Farbtupfen dazwischen. Ein Gewinn ist es für die Gemeinde, daß sie nun in der Mitte zusammensitzen kann und nicht mehr durch einen Mittelgang getrennt ist. Die Orgel hat jetzt wieder ihren Platz auf der Westempore. Noch ganz im Stil des 14. Jahrhunderts zeigt sich mit gotischem Spitzbogengewölbe und einer Kreuzigungsgruppe als Steinrelief die Sakristei. Von 1767 bis 1934 hatte man sie erst als Taufkapelle, dann als Bahrenhaus genommen. Der Turm, den über 200 Jahre eine barocke Haube krönte, trägt jetzt ein Zeltdach. Darunter, in der Glockenstube hinter den gotischen Fenstern, hängt neben den Glocken von 1919 und 1958 die Glocke von 1473. Die alte Kirche von Lusan, außen und innen wieder wie einst, ist ein Muster guter Restaurierung, erfolgreicher Wiederherstellung des Alten.

Auch ein Muster, aber das einer Neuschöpfung, ist das Lusaner Gemeindezentrum. Als für das anwachsende Neubaugebiet die abgelegene Dorfkirche nicht mehr ausreichte, suchte und fand man eine gute Lösung. Durch Erweiterung des Pfarrhauses entstand ein Gemeindezentrum, das in Anlage und Ausstattung dem Dienst der Kirche in einem großen, modernen Wohngebiet entspricht. 1980 konnte es eingeweiht werden. Der weite, hohe Raum ist ganz auf den Altar in der Frontalwand orientiert. Diese zieht sich beiderseits des Altars im abgestuften Flachbogen nach außen. Verschiebbare Faltwände schließen den Raum nach hinten ab. Die dahinter liegenden Räume können nach Bedarf abgetrennt oder zum großen Gemeinderaum genommen werden. Er hat viel Tageslicht durch das breite Südfenster und das Oberlicht über Altar und Seitenwänden. Dazu mischt sich das Farblicht, das die hohen, schmalen Buntfenster in Rot, Grün und Blau geben. Der von einer hölzernen Decke überzogene Raum ist mit allem Erforderlichen großzügig ausgestattet und bereit, der Gemeinde Sammel- und Begegnungsort zu sein. Auch dafür ist das Zentrum ein Muster. Und

auch der Friedhof von Lusan ist vorbildlich. Hier gibt es keine starren Reihen polierter schwarzer Steine. Die Grabstellen sind bepflanzt, ohne Einfassungen, die Grabmale in Schrift und Symbolen mit Kunst bearbeitet, ohne Gold, alles von viel Grün in Rasen, Strauch und Baum umgeben.
So unterschiedlich die alte Dorfkirche und das neue Gemeindezentrum in Gestalt und Ausstattung auch sein mögen, eines ist ihnen gemeinsam: In ihrer schlichten aber vornehmen Gestaltung, an der sich das ehrfurchtsvolle Bewahren des wertvollen Alten und das verantwortungsvolle Schaffen des Neuen erweisen, können und wollen sie ein Muster sein. Der Friedhof um die alte Kirche gehört auch dazu.

Große Spuren

Gera-Oberröppisch

Die beiden Lusaner Filialgemeinden Ober- und Unterröppisch gehören zu den vielen Kuriositäten in der Geschichte der ehemaligen Kleinstaaterei. Da gibt es zwei kleine Dörfer, eines unten am Berg und eines von unten bis oben auf dem Berg und dazwischen einen Bach. Beide haben den gleichen Ortsnamen, nur die Lagebezeichnung unterscheidet sie. Über 700 Jahre gehörten sie zwei verschiedenen Territorialstaaten an, verlief die Landesgrenze zwischen ihnen. Im Jahre 1950 wurden beide nach Gera eingemeindet. Oberröppisch gehörte zu den wohlhabenden Bauerndörfern im reußischen Unterland. Die großen Hofanlagen lassen noch etwas davon deutlich werden. Daß die im Verlauf der Jahrhunderte gewachsenen verwandtschaftlichen Beziehungen weit mehr nach Lusan als nach dem viel näheren Unterröppisch weisen, ist gewiß mit durch die alte Landesgrenze bedingt. Vom 13. Jahrhundert bis zum Jahre 1886 lag die geistliche Versorgung von Oberröppisch in Händen der Geraer Geistlichkeit. Nach einer kurzen Zwischenperiode der Zugehörigkeit zur Pfarrei Zwötzen ist Oberröppisch seit 1955 Filial von Lusan.
Von der alten Kapelle, aus der im Verlauf mehrerer Veränderungsbauten die Kirche von heute hervorgegangen ist, zeugt lediglich der Chor im Turmerdgeschoß. Vermutlich wurden beim Turmbau von 1606 die ihm im Osten vorgebaute Apsis abgebrochen und dabei auch der Chorbogen vermauert. Das Langhaus mit den drei Strebepfeilern an der Westfassade wird da-

mals schon gestanden haben. Die 1983 begonnenen Restaurierungsarbeiten lassen erkennen, daß man bemüht ist, den Raum unter Bewahrung des alten Stils neu zu gestalten. Im Chor hinter dem romanischen Triumphbogen ist das alte, einst vermauerte schmale Rundbogenfenster wieder zu sehen. Der Steinaltar wird wieder so schlicht sein, wie er es am Anfang gewesen ist. Ein Kunst- und Meisterwerk des 17. Jahrhunderts sind die aus der hohen Südwand des Triumphbogens hervortretende Kanzel und der weit über ihr angebrachte Schalldeckel mit reichem Schnitzwerk. Die Farben auf Gestühl und der Empore in Nord und West harmonieren mit denen der schönen Holzbalkendecke. Das Orgelpositiv auf der Westempore und der Taufstein sind das Neue in der alten Kirche.
In Oberröppisch kann man bemerkenswerte Spuren der Geschichte finden: wenige Schritte ostwärts den vor Jahrmillionen erfolgten tiefen Elsterdurchbruch zwischen Hersberg und Zoitzberg, wenige Schritte nordwärts die moderne und große Satellitenstadt Gera-Lusan und dazwischen am Westrand des Dorfes inmitten des ummauerten Friedhofes die alte und nun neue Kirche mit ihrem hohen, mächtigen Turm. Seit einem dreiviertel Jahrtausend wird in ihr das alte und doch stets neue Wort Gottes verkündet.

Hinter Bäumen versteckt

Gera-Unterröppisch

Das am Fuß des Hersberges gelegene kleine Dorf gehörte seit seiner Gründung vom 12. Jahrhundert bis zum Jahr 1919 zum Amt Weida; die Verbindung zur Superintendentur Weida endete erst Mitte unseres Jahrhunderts. Bei der Einführung der Reformation im Amt Weida im Jahr 1529 wird Unterröppisch als Hilfspriesterstelle des Klosters Mildenfurth bezeichnet. Demnach hatte die Kapelle damals bereits einen Taufstein und somit auch das Pfarrecht. Sie wurde aber nicht zur Pfarrkirche erhoben, sondern kam 1551 als Filialkirche zur Pfarrei Sirbis. 400 Jahre später, im Jahr 1955, wurde Unterröppisch mit Gorlitzsch-Schafpreskeln Filial von Lusan.
Die Kirche steht am östlichen Ortsausgang auf einem kleinen Hügel zwischen der alten und der neuen Straße. Man sieht sie kaum, ihr gedrungener

Turm überragt nur wenig die hohen Bäume am Hang. In das Turmerdgeschoß ist das Mauerwerk der alten Kapelle einbezogen. Es erhielt später ohne das sonst übliche Mittelgeschoß einen quadratischen und beschieferten Oberbau mit Zeltdach. Im Inneren weist die einfache Kirche außer dem romanischen Triumphbogen keine alten Bauteile auf. Alle Ausstattungsstücke entstammen dem ausgehenden 19. Jahrhundert und zeigen den Zustand der umfassenden Erneuerung aus dem Jahre 1893. Der Altar, ein massiver Steinblock, wird früher einen gotischen Flügelaltar getragen haben. Vom alten Pfarrgestühl an der Chorsüdwand führt der Zugang zur Kanzel im Durchbruch durch die Triumphbogenwand. Etwas Bewegung in den sonst schmucklosen Raum bringt die alte Holzdecke. Ein gekehlter Längsbalken trägt sie, die Seitenfelder zeigen das schöne Fischgrätenmuster vergangener Jahrhunderte.

Der alten Glocke von 1475 ist der Bittruf eingegossen: o rex gloria veni cum pace. Es ist die Bitte um die Gabe des Friedens, den Gott denen verleiht, die sein Wort hören und glaubend vertrauen.

An der Hohen Straße

Gera-Dürrenebersdorf

Durch das auf dem Höhenzug südwestlich von Gera liegende Dorf, das seit 1950 in die Stadt eingemeindet ist, führt die alte Handelsstraße nach Hof. In vergangenen Zeiten hat sie Gewinn und auch Verlust ins Dorf gebracht. Was Bauern, Gasthof und Handwerk den Reisenden an Vorspann, Rast und Reparatur bieten konnten, brachte Gewinn ins Dorf. Was durchziehende Kriegstruppen hinterließen, waren Elend und Sorge. Heute gehört das alles der Vergangenheit an.

Nur die alte Kirche ist noch da. Sie ist durch An- und Umbauten aus einer Kapelle hervorgegangen, die spätestens im 13. Jahrhundert gegründet worden war. Mauerreste davon sind im Turmunterbau zu finden. Alt ist auch der nördliche Anbau, der sich mit einem Rundbogen zur Kirche hin öffnet.

1723 zeigten sich an der Kirche so große Schäden, daß sich eine umfassende Reparatur dringend notwendig machte. Eine Landeskollekte ermöglichte es der Gemeinde, die erforderlichen Erneuerungs- und Erweiterungsarbeiten durchzuführen. Der hohe Turmoberbau mit barockem Schweifkuppelaufsatz konnte allerdings erst 1786 errichtet werden. Zur gleichen Zeit könnten auch der Gutsstand über der Sakristei und der überdachte Außenaufgang zur Empore entstanden sein. Nach Reparaturen in den Jahren 1832 und 1865 hat die Neugestaltung von 1982 der Kirche das erfreuliche Aussehen gegeben, das sie heute bietet: der Raum ganz in Weiß, die Kanzel mit Schnitzwerk verziert und farbig abgetönt und dann hinter dem tiefen Rundbogen der alte steinerne Altarblock. Die kleine Gemeinde aus Dürrenebersdorf und Zeulsdorf findet, wenn sie über ihren ummauerten Friedhof zu ihrer Kirche kommt, eine würdige Stätte für den Gottesdienst.

Wiege des Dorfes

Weißig

Die alte Handelsstraße Gera-Hof führte früher durch Weißig, seit dem 19. Jahrhundert geht sie am Dorf vorbei. Vermutlich hat der kleine Ort seinen Ursprung in einer Straßenkapelle, um die herum sich dann später die wenigen Bauern angesiedelt haben. 1728 wurde das aus der Kapelle hervorgegangene Kirchlein als baufällig abgerissen. Eine in der Herrschaft Gera erhobene Baukollekte verhalf der kleinen Gemeinde zu einer neuen Kirche, die dann 1732 eingeweiht werden konnte. Das kleine Gotteshaus ist ein Rechteckbau und trägt als Turm einen beschieferten Dachreiter mit Schweifkuppelabschluß.

Der Innenraum, der von einem geputzten Tonnengewölbe überzogen ist, hat eine schlichte Ausgestaltung erhalten. Auffallend ist die Anordnung von Altar, Kanzel und Orgel. Sie sind übereinander geordnet eingebaut und füllen die Ostwand ganz aus. Ornamentale Ausschmückung ist nur an der Orgel vorhanden.

Sie ist das Werk eines Silbermann-Schülers, des Geraer Orgelbaumeisters Christian Ernst Friderici. Die Weißiger hatten es 1801 angekauft; bis dahin hatte es in der Schloßkapelle zu Lichtenstein in Sachsen gestanden. Diese kleine Barockorgel mit acht klingenden Stimmen, erst in unseren Tagen als ein Werk Fridericis entdeckt, ist das einzige im Superintenden-

turbereich vorhandene Instrument aus der Werkstatt dieses bedeutenden Geraer Orgelbaumeisters.
Der Taufstein ist alt, er wurde aus der abgebrochenen Kirche in die neue übernommen. Das 1617 aus Großfalkaer Sandstein in Pokalform gehauene Werkstück ist der einzige Zeuge aus vergangener Zeit. Mit der Renovierung von 1972 hat die kleine Gemeinde, die seit der Reformation Filial von Dürrenebersdorf ist, ihrem Kirchlein mit einer lichten Farbfassung ein recht erfreuliches Aussehen gegeben. Es kommt ihm auch zu.

Jubiläums-Bauten

Gera-Frankenthal

Wie ein Wall liegt der Stadtwald schützend vor Gera. Das Hochwasser der Unwetter, die westlich der Stadt oft und stark auftreten, nehmen Saar- und Erlbach auf und führen es nördlich von Gera der Elster zu. Flut und Opfer der Unwetterkatastrophe von 1981 haben die Täler noch nicht vergessen. Auch Frankenthal nicht, seit 1923 Ortsteil von Gera am Saarbach, bevor sich dieser in Töppeln mit dem Erlbach vereinigt. Nicht nur Wasserfluten haben in vergangenen Zeiten Not über den Ort gebracht, sie war eigentlich immer da. In dem durch Mißernte und Teuerung berüchtigten Jahr 1772 sollen in Frankenthal einige Häuser durch Hunger ausgestorben sein. Noch bis Ende des 19. Jahrhunderts war Frankenthal ein armes Dorf. Wie in den eingepfarrten Orten Scheubengrobsdorf, Windischenbernsdorf, Töppeln und Ernsee gehörte fast der gesamte Grundbesitz zu den jeweiligen Ritter- oder Kammergütern, die wenigen Bauern besaßen nur einen kleinen Rest. Die meisten Bewohner verdienten ihr Brot im Tagelohn, seit Mitte des 19. Jahrhunderts als Arbeiter in der Industrie von Gera.
Diese soziale Notlage spiegelte sich in der Geschichte des Gotteshauses wider. Die Kirche ist wahrscheinlich aus einer Gutskapelle hervorgegangen, die später zur Kirche erweitert und schon vor der Reformation zur Pfarrkirche erhoben worden war. 1517 mußte sie erneuert, 1728 als baufällig abgebrochen werden. Der folgende Neubau wurde 1732 eingeweiht. Allerdings fehlte trotz der Beihilfe einer in der Landesherrschaft durchgeführten Baukollekte noch vieles. Ihren Turm erhielt die Kirche 1736,

Orgel und Emporen 1749 und erst beim 50jährigen Weihejubiläum im Jahre 1782 war die Innenausstattung abgeschlossen. Reparatur- und Erneuerungsarbeiten zum 100. und 200. Jubiläumsjahr 1832 und 1932 und seitdem 1935 und 1970 haben schließlich der Kirche Gestalt und Ausstattung von heute gegeben.
Man findet das Gotteshaus mit seinem Barockturm hinter dem Grün von Baum und Strauch auf dem Friedhof. Der weite Innenraum überrascht durch seine freundliche, helle Ausstattung. Überall herrscht das Weiß vor, unterbrochen von vergoldetem Zierat an Kanzelbau und Taufgestell. Obwohl die Ergänzungs- und Erneuerungsarbeiten meistens nur in den Jubiläumsjahren erfolgten, ist doch ein einheitlicher Stil gewahrt geblieben. Der hohe Chorraum hinter dem Triumphbogen reicht aus, Altar, Kanzel und Orgel übereinander geordnet aufzunehmen. Barocke Verzierung an der Kanzel und die Schnitzfigur des erhöhten Herrn über dem Schalldeckel betonen sichtlich den Vorrang, den damals die Kanzel vor dem Altar hatte. Eigentümlich ist die Anordnung von Bänken und Empore. Bereits beim Bau von 1732 und 1736 wurden sie so eingerichtet, daß die fünf Ortschaften ihren besonderen Platz erhielten. Noch heute steht er für sie bereit.

Alte Erinnerung

Gera-Thieschitz

Die Flur, in der der Erlbach in die Elster mündet, gehört zu Thieschitz und den beiden eingepfarrten Orten Rubitz und Milbitz. Die drei Ortschaften, bereits 1919 nach Gera eingemeindet, sind Gründungen sorbischer Siedler. Deren Gräber hat man auf dem sogenannten „Totenacker“ hinter der Kirche gefunden. Nicht mehr vorhanden sind die „Zwerghöhlen“, Auslaugungen von Gipsablagerungen und Reste ehemaligen Bergbaus. Sie waren das unterirdische Reich des Zwergenkönigs Cyrillis und seines Völkleins. Hilfsbereit begegneten die Zwerge denen, die sie ernst nahmen. Bei den Dorfbewohnern waren sie als dienstbare Geister gern gesehen. Als sie aber übermäßig Gefallen am frisch gebackenen Brot zeigten und es sich heimlich nahmen, wurde man ihrer überdrüssig. Man mischte dem Brot Kümmel und andere Gewürze bei. Die Zwerge, die das nicht vertragen konnten, verließen unter Wehklagen das Elstertal für

immer. Hinter dieser Sage könnte die Verdrängung der Sorben durch deutsche Siedler stehen.
Die Kirche zu Thieschitz gilt, wie die zu Schwaara, als ehemaliges Filial der Geraer Stadtkirche. Ein Rest der alten Kirche ist trotz der Um- und Erweiterungsbauten noch im Turmunterteil erhalten geblieben. Der Turmoberteil mit Spitzhelm über der flachen Schweifkuppel stammt aus dem Jahre 1851. Verlängerung und Erhöhung des Langhauses, Veränderung der Apsis und Anbau von Sakristei und Vorhalle im Jahre 1867 führten zu einer eingreifenden Umgestaltung des Gotteshauses. Hundert Jahre später erhielt der Innenraum eine gelungene Erneuerung, die man beim Anblick des Kirchenäußeren nicht erwartet. Sie gleicht weithin der Umgestaltung in der Filialkirche zu Hartmannsdorf. Beide wurden fast zu gleicher Zeit renoviert. Neu ist der Altar, hinter dem das alte Kruzifix von 1768 steht, neu auch das Taufgestell. Erneuert und im Stil Altar und Taufe angeglichen, steht die Kanzel fast zu ebener Erde vor dem Triumphbogen. Daß die Empore an Nord- und Südwand weggenommen wurde, ist kein Verlust. Es ist noch genügend Platz da. Auch das Licht kann nun ungehindert und ungemindert Einlaß finden.

Lange Zeit zweigeteilt

Hartmannsdorf

Die Geschichte des sich im engen Schafsgrund zwischen Thieschitz und Köstritz lang hinziehenden Dorfes ist weithin durch den Stübnitzbach geprägt. Er war lange Zeit Grenzlinie zweier Kirchengebiete: die rechte Bachseite gehörte zur ehemals altenburgischen Pfarrei Rüdersdorf, die linke zur reußischen Pfarrei Köstritz. Erst 1869 kam der gesamte Ort als Filial zu Köstritz, seit 1957 ist Hartmannsdorf Filial von Thieschitz.
Die Kirche, am Berghang in der oberen Dorfhälfte gelegen, ist aus einer Kapelle hervorgegangen. Aus ihrem Umbau im 14. Jahrhundert stammt der gotische Chorschluß. Das Langhaus mit dem Turmunterteil ist vermutlich erst nach der Reformation an den Chor angefügt worden. Der Turmoberbau mit Satteldach und schlankem Dachreiter darüber war schon vorhanden, als man 1771 auf der Hangseite die Sakristei und darüber die Herrschaftsloge errichtete. Heute dient die Loge den außergottesdienstlichen Zusammenkünften der kleinen Hartmannsdorfer Gemeinde. Mit der Innenerneuerung von 1967 ist der Gemeinde ein Wagnis gelungen, das für manch andere Kirche zu empfehlen wäre. Unter Verzicht auf Beibehaltung nicht mehr benötigter Ausstattung haben die Hartmannsdorfer mit wenig Aufwand für ihre Kirche eine schlichte, aber doch recht würdige und freundliche Ausgestaltung gefunden. Der Altarblock in der Mitte des Chores, dahinter an der Wand ein einfaches, aber gut gearbeitetes Kreuz, die ganz niedrig stehende Kanzel, Lesepult und Taufe, alles ist neu gestaltet. Auch der der Gemeinde zukommende Teil hat eine Erneuerung erfahren, die noch selten anzutreffen ist. Die nicht mehr benötigte Seitenempore wurde entfernt, dafür die Orgelempore weiter nach vorn gezogen. Für die Gemeinde bleibt noch genügend Platz in den Bänken, die als geschlossener Block in die Mitte gerückt sind. Die Gemeinde ist nicht mehr zweigeteilt, weder unten im Dorf noch oben in der Kirche.

Der Frontanz

Gera-Langenberg

In einer Schrift aus dem Jahre 1795 heißt es von Langenberg: „... ein Ort, wo seit vielen Jahrhunderten Bauern aus den Dörfern, und zwar von jedem Hofe, Paar um Paar ungebeten an einem gewissen Tage sich am Lindenbaum einfinden und tanzen müssen. Wer nicht frönt beim Tanz, wird vom Landsknecht gepfändet." Über Entstehung und Zweck dieses bis 1804 geforderten Pflichttanzes gibt es recht unterschiedliche Vermutungen. Der Tanz, seit 1502 mit dem Rügegericht verbunden, wird irgendwie Symbol für die Fronpflicht der zur ehemaligen Pflege Langenberg gehörenden Dörfer gewesen sein.
Der Verwaltungs- und Gerichtsbezirk Langenberg, hervorgegangen aus dem im 10. Jahrhundert errichteten Burgward, einem zur Sicherstellung der deutschen Herrschaft im Sorbengebiet errichteten militärischen Mittelpunkt, umfaßte über 60 Dörfer beiderseits der Elster und war bis ins 14. Jahrhundert weit größer als die Herrschaft Gera. Als 1502 die territoriale Selbständigkeit der Pflege Langenberg endete, wurde der Ort zu einem mit städtischen Privilegien ausgestatteten Marktflecken. Die Ende des 19. Jahrhunderts ansässig gewordene Industrie erfuhr nach 1945 einen bedeutenden Aufschwung. Seit 1950 gehört Langenberg, das 1933 zur Stadt erhoben worden war, als Stadtteil zu Gera.
Der geistliche Mittelpunkt des Burgwardbezirkes wird anfangs die Kapelle der ehemaligen Burg auf dem Hausberg gewesen sein, deren Stelle dann im 12. Jahrhundert die Pfarrkirche an der Wegkreuzung unten im Ort übernommen hat. Ein Rest dieser ersten Kirche könnte noch in dem großen Turmerdgeschoß zu finden sein. Mitte des 15. Jahrhunderts erfolgten nach Abbruch der Apsis im Osten und dem Bau des zweijochigen Hochchores und des Langhauses weitgehende Veränderungsbauten. 1502 erhielt das romanische Turmerdgeschoß seinen Oberbau und den bis in die Höhe von 60 Meter aufsteigenden spitzen und in sich gedrehten, achteckigen Helm. Veränderungs- und Erweiterungsbauten des 17. und 18. Jahrhunderts haben dem Langhaus die Gestalt von heute gegeben und an der Südfront Sakristei und Patronatsloge angefügt.
Mit der Renovierung und Restaurierung der Innenausstattung von 1984/1985 hat die Langenberger Kirche eine recht würdige Gestaltung erfahren. Im ausgewogenen Spiel von lichten und bunten Farbtönen zeigen sich

die Bänke, die Doppelempore, die Kanzel von 1675 und der Taufstein von 1618 und der mit Laubwerk verzierte Orgelprospekt. 1755 hatte der Geraer Orgelbaumeister Christian Ernst Friderici für die Langenberger Kirche eines seiner großen Werke geschaffen. 1898 wurde es durch ein pneumatisches Werk ersetzt; der Prospekt der alten Friderici-Orgel aus der Hand des Geraer Bildhauers Rockstroh blieb erhalten.

Der Mittelbau unter dem Turm, in dessen Bogen 1675 ein großer Kanzelbau eingefügt war, ist nun wieder ein freier Raum. An seiner Südseite öffnet sich der ehemalige Herrschaftsstand mit geschweifter Brüstung zur Kirche hin, verziert durch barocke Schnitzerei und das reußische Wappen. Mittelpunkt des gotischen Hochchores ist der Silberaltar, ein Schnitzwerk aus dem Jahre 1491. Der Altarschrein, der 1680 übermalt und beiseite gestellt worden war, hat nun wieder seinen alten Platz auf dem steinernen Altarsockel. Er zeigt in seiner Mitte Maria, die das Jesuskind auf dem rechten Arm und einen Apfel in der linken Hand hält. Beiderseits von ihr sind in zwei Reihen übereinander die 14 Nothelfer dargestellt. Die gut erhaltenen Schnitzfiguren sind das Werk eines unbekannten Meisters. Er hat den männlichen Heiligen scharf profilierte, den weiblichen konventionell rundliche Gesichtszüge gegeben. Als bei einer Restaurierung im Jahr 1927 die Übermalung entfernt wurde, kam der silberne Hintergrund, vor dem die Heiligen stehen, wieder zum Vorschein. Im hohen Gesprenge über dem Mittelschrein steht auf hohem Sockel unter einem Baldachin Maria mit dem Jesuskind auf dem Arm. Beiderseits des Sockels stehen die Apostel Andreas und Thomas. Die Aufsatzfiguren entstammen einem anderen Flügelaltar und sind wahrscheinlich 1680 als Ersatz für die ursprüngliche Bekrönung genommen worden. Die beiden Seitenflügel tragen keine Schnitzfiguren, auf ihnen sind nach Entfernung der Übermalung im oberen Teil die Verkündigung an Maria und der Besuch der Maria bei Elisabeth zu sehen. Die unteren Bilder zeigen Jesus im Gefolge von Gestalten in hellen und dunklen Gewändern und Engel und Hirten mit weißen und dunklen Schafen. Auch die Predella, die den Schrein trägt, scheint ein Ersatz zu sein. Statt der üblichen Schnitzfiguren zeigt sie das Wappen der Familie von Schauroth, die 1680 den Altar übermalen ließ.

Mit der Kirche hat der Ort Langenberg, der auf eine lange, reiche Geschichte zurückblicken kann, das einzige Baudenkmal aus großer, alter Zeit. Die Kirchgemeinde in Langenberg hat in ihrem Gotteshaus, wertvoll und würdig gestaltet, ihren Ort zur Sammlung unter Wort und Sakrament.

Von Bauten eingezwängt

St. Nicolaus zu Gera-Roschütz

Roschütz ist heute nahtlos mit Gera verbunden. Die Stadterweiterung nach Norden hin hat das Dorf, das um die Jahrhundertwende noch weit von Gera lag, in sich aufgenommen. Der dörfliche Charakter und noch manch anderes sind aber geblieben. Die kirchliche Verbindung zu Gera ist noch jung. Erst nach dem 1. Weltkrieg kam Roschütz zur Superintendentur Gera. Jahrhundertelang war es, politisch wie kirchlich, mit Röpsen eine altenburgische Enklave im reußischen Gebiet. Seine kirchliche Eigenständigkeit hatte Roschütz 1401 erhalten, bis dahin war es Röpsen unterstellt gewesen. Vermutlich wird bei der Erhebung zur Pfarrei zugleich die Kapelle zur Kirche erweitert worden sein. Nach 300 Jahren, 1701, mußte das Langhaus als baufällig abgebrochen werden. Der Turmunterteil, das Mauerwerk der alten Kapelle, blieb stehen und erhielt den achteckigen Oberbau mit doppelter Haube, das Langhaus wurde neu errichtet. 1846 erfuhr die Innenausstattung eine weitgehende Umgestaltung, die dann 1908 wieder rückgängig gemacht wurde. Seitdem zeigt sich die Kirche in der Zuordnung von Altar, Kanzel, Taufe und Orgel wieder wie nach dem Neubau von 1701. Der gotische Chor mit Kreuzgewölbe hat in seiner Mitte den Altar, südlich am Triumphbogen die Kanzel und davor das Taufgestell, es sind Stiftungen eines Roschützer Gemeindegliedes. Unverkennbar tragen sie in Gestaltung und Ausschmückung den Stil der Jahrhundertwende. Das Gestühl als Bankblock in der Mitte und die Empore stammen vom Umbau im Jahre 1846. Die Orgel, die bis 1908 im Chor über Altar und Kanzel gestanden hatte, hat nun wieder ihren früheren Platz auf der Westempore. Das dunkle Braun der getäfelten Decke und aller anderen Einrichtungsstücke aus Holz und das durch die satten Farben der alten und neuen Fenster gedämpfte Licht lassen jene dämmrige Wirkung aufkommen, die dem Stilempfinden des ausgehenden 19. Jahrhunderts entspricht. Das Alabasterepitaph der Familie von Schauroth über der Empore erinnert an die alte Kirche, der Treppenturm im Norden an jene Zeit, als die Kirche noch nicht zwischen Gebäuden eingezwängt, auf freiem Platze stand.

Im Wartestand

St. Margarethen zu Gera-Tinz

Das nahe der Autobahnauffahrt Gera gelegene, einst kleine Dorf Tinz, seit 1919 nach Gera eingemeindet, hat die wohl älteste Kirche in der Umgebung Geras. Vermutlich ist sie eine Gründung der Quedlinburger Abtei, die nach der Jahrtausendwende in der kleinen sorbischen Siedlung einen Vogteihof besaß. Das Gotteshaus im ummauerten Friedhof auf dem Hügel über dem Dorf war bis zur Reformation als Wallfahrtskirche Ziel vieler Pilger, die mit der Teilnahme an den Prozessionen Ablaß zu erlangen suchten. Die Wallfahrten fanden mit Einführung der Reformation ihr Ende, die Pfarrei, mit der auch der Pfarrdienst auf Schloß Osterstein verbunden war, wurde 1534 aufgelöst. Bis 1886 versorgten die Geistlichen der Stadt die kleine Filialgemeinde, dann die Pfarrer von Thieschitz und Untermhaus. Seit Mitte dieses Jahrhunderts ist Tinz Filial von Roschütz.

Die Kirche hat nach weitgehenden Veränderungen zu verschiedenen Zeiten eine recht auffällige Gestalt erhalten. Ältester Teil ist das mächtige Turmerdgeschoß. Ihm war um 1450 anstelle einer abgebrochenen Apsis der große gotische Chor und im Westen das Langhaus angesetzt worden. Umbauten im 17. Jahrhundert und der Abbruch des Langhauses im Jahre 1838 haben der Kirche das uns ungewohnte Aussehen gegeben: ein Gotteshaus, in dem ein romanisches Turmerdgeschoß und ein gotischer Chor das Langhaus als Raum für die Gemeinde ersetzen. Der Turm, der bis in Firsthöhe des Chores rechteckig aufsteigt, geht in ein Obergeschoß mit quadratischem Grundriß über und endet über einer achteckigen Kuppel in einem spitzen Helm. Zur Zeit steht die Kirche außer Benutzung. Sie wartet darauf, daß sie nach Erneuerung der Innenausgestaltung wieder gottesdienstliche Stätte für die nun große Gemeinde des einstigen kleinen Dorfes Tinz wird. Bis dahin wird weiterhin das kleine neue Gemeindehaus gegenüber dem Kirchenportal der Begegnung unter Gottes Wort dienen.

Gera, St.-Salvator-Kirche,
Blick auf den Turm
des Gotteshauses

Gera, St.-Salvator-Kirche,
Altar und Kanzel

Gera, St.-Trinitatis-Kirche

Gera-Pforten,
St.-Michaelis-Kirche

Gera-Leumnitz,
St.-Peters-Kirche

Kirche zu Thränitz

Gera-Untermhaus, St.-Marien-Kirche

Bäckerei

Gera-Lusan, St.-Ursula-Kirche

Gera-Lusan,
St.-Ursula-Kirche, Blick zum Altar

Gera-Lusan,
Gemeinderaum im Gemeindezentrum

131
283

Kirche zu Gera-Dürrenebersdorf
Blick zum Altar

Kirche zu Gera-Oberröppisch

Kirche zu Gera-Unterröppisch

Kirche zu Weißig

Kirche zu
Gera-Frankenthal

Kirche zu Hartmannsdorf

Kirche zu Gera-Langenberg

Kirche zu Gera-Thieschitz

Gera-Roschütz, St.-Nicolaus-Kirche

Gera-Tinz, St.-Margarethen-Kirche

Gera-Zwötzen, St.-Martins-Kirche

Kirche zu Gera-Kaimberg

Kirche zu Gera-Liebschwitz

Kirche zu Gera-Taubenpreskeln

Kirche für Arbeiter

St. Martini zu Gera-Zwötzen

Zwötzen, einer der im Jahre 1919 eingemeindeten Vororte von Gera, ist aus einer der kleinen sorbischen Siedlungen hervorgegangen, die vor 1200 durch die Vögte von Weida deutsche Herren bekamen. Bis Anfang des 19. Jahrhunderts hat der alte Rittersitz, dem ursprünglich drei Viertel der Flur gehörten, die Geschichte des Dorfes geprägt. Noch 1648 hatte es nur 54 Bewohner, 200 Jahre später etwas über 300, neben 12 Bauern zumeist schon Arbeiter. In den folgenden Jahrzehnten überwogen zunehmend Industrie und Gewerbe das bäuerliche Element im Ort. Mit dem Bau von vier großen textil- und eisenverarbeitenden Betrieben in den Jahren von 1890–1910 stieg die Einwohnerzahl auf über 5000 an. Zwötzen war ein reiner Arbeiterwohnort für Gera geworden.

Die Geschichte der Kirche von Zwötzen gleicht der Geschichte des Dorfes. In den ersten 400 Jahren erhielt das von den Grundherren gegründete kleine Gotteshaus seine Versorgung durch Geistliche aus der Stadt. Im Jahr 1604 wurde dann Zwötzen zur Pfarrei erhoben und bekam Leumnitz als Filial. Als dieses 1886 dem Pfarramt in Untermhaus zugewiesen wurde, kam Lusan zu Zwötzen, seit 1956 ist Kaimberg Zwötzener Filial. Die anfangs kleine, später zur Kirche erweiterte Kapelle war immer durch die nahe Elster gefährdet, oft beschädigt und schließlich infolge der sprunghaft angestiegenen Einwohnerzahl zu klein geworden. 1894 wurde sie abgebrochen. Nach 18 Monaten stand das neue Gotteshaus, ein Backsteinbau im neugotischen Stil, ähnlich der kurz vorher errichteten Johanniskirche in der Stadt, nur viel einfacher. Als am 10. November 1895 die feierliche Einweihung der Kirche St. Martini zu Zwötzen erfolgte, war die Freude der Arbeitergemeinde groß.

Der Kirchenbau ist geprägt von seinem Turm an der Nordostecke. Weit über das Dach steigt er massiv auf und endet in einem hohen und spitzen Helm. Im Innenraum, der im Langhaus von einem hölzernen Tonnengewölbe, im Chor von einem Kreuzrippengewölbe überzogen ist, herrschen neogotische Stilelemente vor. Ihnen fügen sich die Chorfenster von 1984 ein. Ihre kräftigen, leuchtenden Farben wollen Symbol für Licht und Leben sein, sie stehen im Zusammenhang mit dem lebensgroßen Kruzifixus, der über dem Altar herabhängt. Das Schnitzwerk aus dem 15. Jahrhundert ist eine Leihgabe aus der Kaimberger Filialkirche. Kanzel und Taufstein, beide in der ornamentalen Ausschmückung dem Gesamtstil angeglichen, wirken groß und mächtig, die Lutherfigur aus Sandstein am Rande des Chorbogens dagegen fast zierlich. Auffallend ist die Orientierung des Chores nach Westen. Sie ist selten; üblicherweise haben die Kirchen ihren Chorbau, in dem der Altar seinen Platz hat, auf der Ostseite. Das Gestühl im Schiff, dem nördlichen Seitenschiff und auf der Empore darüber bietet viel Platz. Die gottesdienstliche Gemeinde in dem sehr groß gewordenen Zwötzen ist kleiner geworden. Aber die Gottesdienstbesucher fühlen sich auch in der kleinen Winterkirche, die sie sich im ehemaligen Vorraum unter der Orgelempore eingerichtet haben, recht wohl.

Nur noch sakrales Baudenkmal?

Gera-Kaimberg

Das südlich des Gessentales hochgelegene Kaimberg ist seit 1950 Ortsteil von Gera. Der Standort der kleinen Kirche im ehemaligen Gutsbezirk macht deutlich, daß sie aus einer Gutskapelle hervorgegangen ist. Bis ins 20. Jahrhundert blieb sie eng mit der Geschichte des alten Rittersitzes verbunden. Die Gemeinde, früher nur aus ein paar Kleinbauern, zumeist aber aus Handarbeitern bestehend, hat sich zunehmend von der Kirche entfernt. Irgendwie war ihnen das Gotteshaus nur die „Gutskirche". Das wird auch an ihrer Innenausstattung deutlich. Während der der Gemeinde zugewiesene Teil ganz schmucklos gehalten ist, trägt der Chorraum eine auffallend reiche Ausschmückung. Der freistehende Kanzelbau ist ganz im Stil des Rokoko gestaltet. Ovale Schilde mit muschelartiger Umrahmung und Blumengehänge zieren, ionische Säulen und Pilaster mit Fruchtgehängen begrenzen die Kanzel. Ein stark verkröpftes Gesims mit Flachbogengiebel und Strahlensonne schließt den Kanzelbau nach oben ab. Auch der Altar unter der Kanzel trägt als Verzierung aufgelegte Ornamente, die sich in der Bekrönung der Bogendurchgänge bis zum Chorgestühl fortsetzen. Ein großer Taufengel, der von der Chordecke herabhängt, schließt die Ausschmückung ab. Sie ist der Familie von Ziegenhierd zu verdanken, die 1753 bei der Übernahme des Gutes die Kirche im Stil des Rokoko er-

neuern ließ. Auffallend ist, daß der verglaste Gutsstand mit einfacher Barockverzierung und den Vorgängerwappen unverändert blieb.
Die Kirche mit ihrem barocken Dachreiter ist hinter den hohen Bäumen des Friedhofs und des früheren Parks vom Dorf aus nicht zu sehen. Die Kirchgemeinde, zu der seit 1923 auch die zwei Gehöfte von Poris gehören, war bis 1955 Filial von Thränitz. Jetzt ist der Pfarrer von Zwötzen zuständig. Die alten Glocken von 1501 und 1520 rufen noch immer zur Kirche, die nicht nur ein interessantes Baudenkmal sein will.

Das Ziegenhierdsche Ländchen

Gera-Liebschwitz

Wer in Liebschwitz die Kirche sucht, findet sie erst am Ende dieses sich zu Füßen des Zoitzberges lang hinstreckenden Ortes. Dort, wo zwischen hohen Bergkuppen der Wipsenbach ins breite Elsterbecken tritt, hat der Ort seinen geschichtlichen Anfang. Die Häuser entlang der Straße bis zur Elsterbrücke sind erst nach Beginn des 19. Jahrhunderts entstanden, als Arbeiter für die in und um Gera aufkommende Industrie und auch Handwerker hier ansässig wurden. Der älteste Ortsteil im kleinen Oberdorf um den ehemaligen Teich läßt nicht ahnen, daß er einst Mittelpunkt einer Herrschaft war. Sie hatte unmittelbar am Eingang zur Wipse wohl bereits im 11. Jahrhundert eine Burganlage, deren Turm noch bis 1840 im Hof des Rittergutes gestanden hat. Seit 1485 bildete die Liebschwitzer Herrschaft eine sächsische Enklave von 10 Dörfern, deren Grenzen an reußisches, altenburgisches und weimarisches Gebiet stießen. Dieses Gebiet, nach dem letzten Grundherrn „Ziegenhierdsches Ländchen“ genannt, kam 1928 im Austausch zum Land Thüringen. Der Ort Liebschwitz ist seit 1950 in Gera eingemeindet. Kirchlich unterstand Liebschwitz bis 1554 der Supenintendentur Weida, kam damals zur Bornaer, 1837 zur Werdauer Superintendentur und 1932 schließlich zu Gera.
Die Kirche, zwischen Bach und Berg, wird anfangs recht klein gewesen sein. Im Jahre 1654 wurde sie von den Wassermassen eines im Wipsengrund niedergegangenen Wolkenbruchs mit dem größten Teil des Dorfes

und dem Friedhof hinweggerissen. Seitdem beerdigen die Liebschwitzer ihre Toten auf dem Friedhof von Taubenpreskeln; einer der ganz seltenen Fälle, daß sich der Gottesacker nicht am Pfarrort, sondern bei der Schwesterkirche befindet. Die kleine und arme Gemeinde blieb ein Vierteljahrhundert ohne Gotteshaus, bis 1677 der damalige Gutsherr auf seine Kosten eine neue Kirche erbauen ließ. Sie steht noch heute, klein und niedrig und ohne besonderen Stil, mit einem Dachreiter als Turm. Die Innengestaltung stammt aus dem Jahr 1887. Über dem Altar erhebt sich eine lebensgroße Christusstatue, sie weist unübersehbar auf den hin, dessen Wort hier zu hören ist. Die Schnitzfiguren der Apostel an der Kanzel sind leider dunkel übermalt und darum kaum erkennbar. In gleicher dunkler Farbe sind mit der klangvollen Orgel alle hölzernen Ausstattungsstücke und Einbauten eintönig übermalt. Das macht den Raum reichlich düster. Aber Raum ist genug da für die Gemeinde. Es hat sich in Liebschwitz viel verändert, seitdem der Verkehr nicht mehr die alte Ortsstraße benutzt. Es ist ruhiger geworden, besonders oben im Winkel an der Kirche.

An alter Straße

Gera-Taubenpreskeln

Der Elsterdurchbruch aus dem Wünschendorfer Becken nach Norden hat bis in die Neuzeit die Wege beiderseits des Flusses über den Hersberg und Zoitzberg verlaufen lassen. Führte die Weidaer Straße noch bis nach dem 1. Weltkrieg über Oberröppisch und den Hersberg, so umging auch die alte Salzstraße ins Erzgebirge den sumpfigen Engpaß. Sie führte von Pforten hinauf auf die Höhe hinter den Zoitzberg nach Taubenpreskeln und erreichte Liebschwitz erst über den Leichenweg. Das kleine Dorf auf der Höhe war jahrhundertelang von Wichtigkeit für die alte Straße, durch sie aber zugleich auch mit der Außenwelt verbunden. Das änderte sich, als nach Beginn des 19. Jahrhunderts die Straße nach unten an die Elster verlegt wurde und an ihr eine Reihe von Arbeiterhäusern entstand. Diese Wohnsiedlung Neu-Taubenpreskeln unten am Fluß und das Bauerndorf Alt-Taubenpreskeln oben auf dem Berg sind noch heute durch Berg und Wald voneinander getrennt. Seit 1950 gehören auch sie zu Gera.
Mit großer Wahrscheinlichkeit ist Taubenpreskeln mit seinen eingepfarr-

ten Orten Lengefeld und Lietzsch im Mittelalter eine selbständige Pfarrei gewesen, vieles deutet darauf hin. Bei Einführung der Reformation ist sie als Schwesterkirche und nicht als Tochterkirche von Liebschwitz erwähnt. Das Gotteshaus jedenfalls ist sehr alt. Das Untergeschoß des mächtigen Turmes gehört noch dem 12. Jahrhundert an, der Oberbau trägt seit dem 16. Jahrhundert das auffallend breite Satteldach. Vorher war er wesentlich höher und weithin zu sehen. Den halbrunden Apsisanbau der alten Kapelle, der irgendwann abgebrochen worden war, ersetzt jetzt eine halbrunde Altarnische. Die Innengestaltung entspricht noch ganz der umfassenden Erneuerung von 1889. Das Himmelfahrtsbild hinter dem Altar, die Bilder an der Kanzel vor dem Triumphbogen, die Leistendecke über dem Chor, Taufe und Orgel, alles trägt unverkennbar den Stil jener Zeit. Älter sind die Empore und die Holzbalkendecke mit Schifferkehlung im Langhaus. Die kräftigen und alten Farbtöne an den Wänden und das Dunkelbraun des Holzwerkes nehmen dem Raum jene Freundlichkeit, die man in dieser Kirche erwartet. Zu ihr muß man sich erst durchfinden, so sehr umhüllen alte Bäume das alte Gotteshaus auf dem Friedhof über dem Dorf.

Rätsel und Raritäten

Niebra

Die Niebraer Kirche prägt noch heute das Bild der Landschaft oben am Rand des Wünschendorfer Elsterbeckens. Warum gerade dieses so kleine Dorf eine so große und prächtige Kirche erhalten hat, bleibt ein Rätsel. Weder die Annahme, sie sei aus einem Klostergut hervorgegangen, noch die Vermutung, sie sei ein Anbau an einen Wartturm zum Schutz der alten Salzstraße, sind urkundlich nachweisbar. Keinesfalls war sie eine Wehrkirche als Zuflucht bei feindlichen Einfällen, auch nicht eine Missionskirche zur Bekehrung heidnischer Sorben.
Ein Kuriosum ist die ehemalige territoriale Aufsplitterung der Pfarrei. Ihre acht Dörfer gehörten bis 1919 zu vier souveränen Staaten, dem Königreich Sachsen, dem Fürstentum Reuß Jüngere Linie, dem Großherzogtum Sachsen-Weimar und dem Herzogtum Sachsen-Altenburg. Gleich bunt war die kirchliche Zugehörigkeit. Nacheinander unterstand Niebra der Urpfarrei Veitsberg, dem Kloster Mildenfurth, den Superintendenturen Weida, Borna, Werdau und seit 1932 Gera.
Selten zeigt eine Dorfkirche ihren Baustil so rein und unverändert wie hier in Niebra. Einem romanischen Vorgängerbau folgte der frühgotische Neubau des Chores und der spätgotische Langhausbau. Der mächtige, bis zur Glockenstube unter dem hohen Walmdach quadratisch aufsteigende Turm stand vermutlich bereits vor dem Neubau aus dem 14. Jahrhundert, der Einbau der Kapelle erfolgte erst gegen Ende des 15. Jahrhunderts. Dies bezeugt das Wappen der Patronatsfamilie im Schlußstein des Kreuzgewölbes. Von 1860–1898 diente sie als Leichenhalle, dann als Taufkapelle, jetzt als Sakristei.
Beim Betreten der Kirche wird der Blick sogleich von dem großen gotischen Flügelaltar im weiträumigen Chorraum angezogen. Die reiche Ausstattung und die meisterhafte Gestaltung des Altarwerkes sind beeindrukkend. Es ist ein dreiteiliger Marienaltar, dessen Mittelschrein die Krönung der Maria zur Himmelskönigin zeigt. Diese Krönungsszene, in die Engel eingefügt sind, ist umrahmt von den Bildern der heiligen Dorothea, der ein Knabe einen Fruchtkorb reicht, und der heiligen Margaretha, die mit dem Speer den Drachen besiegt. Im rechten Seitenflügel stehen die heilige

Katharina mit Schwert und der heilige Erasmus mit Bischofsstab und Winde, im linken die heilige Barbara mit Kelch und der heilige Nikolaus mit Bischofsstab. Daß es sich um einen Marienaltar handelt, wird nochmals deutlich durch die Bekrönungsfigur der Maria, die zwischen Engeln im Strahlenglanz steht. Bei geschlossenem Zustand werden Bilder mit Szenen aus dem Marienleben sichtbar. Die Predella zeigt Bilder aus der Kindheit Jesu. Die Altarrückwand gibt mit der Jahreszahl 1498 das Datum der Herstellung an. Unbekannt ist der Meister, aus dessen Werkstatt der Niebraer Altar stammt, unbekannt auch der vermögende Stifter, der nicht in der kleinen Gemeinde zu suchen ist. Die meisterhaft gestalteten Figuren, das weitverzweigte Maßwerk und die reiche Vergoldung verleihen dem Kunstwerk einen besonders hohen Wert. 1865 erregte es die Aufmerksamkeit des Königs von Sachsen, der es restaurieren ließ. Die Schnitzfigur in der Nische rechts des Altars könnte aus der Hand des gleichen Meisters stammen, sie zeigt auffallend prägnante Gesichtszüge. Die Sage hat ihr den Namen „Niefra" gegeben und sieht in ihr die Gründerin eines Klosters und Namensgeberin des Ortes. In Wirklichkeit ist sie eine „mater dolorosa". Das Gegenstück, die Figur des Jüngers Johannes, könnte in der jetzt leeren Nische über dem gotischen Westportal gestanden haben.

Ein weiteres Kunstwerk ist das Alabasterepitaph an der Chorsüdwand, das der verstorbenen Ehefrau des Niebraer Patronatsherrn Leyser gewidmet ist und im Medaillon ihr Bildnis zeigt. Darunter sind die Orte ihrer irdischen Heimat, darüber die ewige Heimat, das himmlische Jerusalem, dargestellt. Das übergroße Epitaph ist für die heimatliche Geschichte von besonderer Bedeutung. Es enthält die einzige Darstellung des Liebschwitzer Herrensitzes mit der alten Burganlage. Den weiten und hohen Chorraum überdeckt ein Kreuzgewölbe, seine Gewölberippen treffen sich in zwei Schlußsteinen.

Der pokalartige Taufstein und die Kanzel mit dem reich verzierten Schalldeckel am Südpfeiler des gotischen Triumphbogens zeigen wohl gotische Stilformen, entstammen aber der umfangreichen Restaurierung von 1898. Im gleichen Jahr wurden auch die recht schöne, wenn auch nicht stilechte Langhaus-Holzdecke und die klangvolle Orgel eingebaut. Die Emporenfelder zeigen noch die schlichte Form der Kehlung früherer Jahrhunderte.

Eines der ungelösten Rätsel ist die Herkunft des lebensgroßen gotischen Kruzifixus. Bis 1902 war er wegen seiner zu realistischen Darstellung auf den Kirchenboden verbannt, jetzt hängt er an der Wand zwischen Kanzel und dem verglasten Sakristeieingang.

Als 1595 während des Gottesdienstes ein Blitzstrahl das Langhaus traf

und es in Brand setzte, sahen dies die Bauern als ein Gottesurteil über ihren Pfarrer wegen angeblicher Irrlehre an und wollten ihn ins Feuer werfen. Als Sühne gelobte und unternahm er eine Pilgerfahrt nach Jerusalem. Eine Votivtafel, die ihn und seine Frau vor dem Kreuz in Jerusalem zeigt, ist im Pfarrarchiv aufbewahrt.
Nach umfangreichen Restaurierungsarbeiten erfolgte am 31. 10. 1898 die feierliche Einweihung. Da am gleichen Tage die Erlöserkirche in Jerusalem eingeweiht wurde, erhielt auch die Niebraer Kirche den Namen „Erlöserkirche". Alt ist die schöne, noch gut erhaltene Bruchsteinmauer um den kleinen Friedhof, in dessen Mitte die alte, so schöne Kirche von Niebra steht. Hier haben die Bewohner von Niebra, Otticha, Loitzsch und dem ehemaligen Lichtenberg ihre letzte Ruhestätte gefunden. Kleinfalka, das 1934 aus der Veitsberger in die Niebraer Pfarrei kam, hat seinen Friedhof am Ort.

Einst Kirche für drei Länder

Hilbersdorf

Als im einst großen Waldgebiet zwischen Weida und Ronneburg auf Rodungsland die Dörfer Hilbersdorf und Rußdorf gegründet wurden, bestand Niebra schon längere Zeit. Es übernahm die geistliche Versorgung der Kolonisten, und das näher gelegene Hilbersdorf erhielt eine Kapelle. Damals gehörten die beiden Ortschaften zum Herrschaftsbereich der Vögte von Weida. Nach 800 Jahren, am Ende der Territorialstaaten, gehörten sie zu drei Ländern: Rußdorf zum Großherzogtum Sachsen-Weimar, Hilbersdorf je zur Hälfte zum Herzogtum Sachsen-Altenburg und zum Königreich Sachsen. Ihre Fluren grenzten zum Teil an das Gebiet des Fürstentums Reuß Jüngere Linie.

Zu welcher Zeit die Kapelle errichtet wurde, ist nicht bekannt. 1533 wurde sie als klein, feucht und dunkel bezeichnet. Die Gemeinde begnügte sich aber noch über 200 Jahre mit ihr, bis dann im Jahre 1742 ein Neubau von Grund auf erfolgte. Es war ein Rechteckbau, der Gemeinderaum und Altarplatz in einem enthält. Die Ausstattung entstammt der letzten Renovierung von 1885. Die Kleinorgel, die nun seit 100 Jahren ihren bescheidenen Dienst tut, wurde damals aufgestellt. Ganz schlicht ist der Kanzelbau, der sich über dem steinernen Altarblock erhebt. Das Gestühl und die niedrige Empore bieten der Gemeinde reichlich Platz. Im Osten an die Kirche angefügt, steigt der Turm über quadratischem Untergeschoß und achteckigem Mittelgeschoß massiv bis zum beschieferten Glockenstuhl auf und endet über einer Schweifkuppel in einem spitzen Helm.

Man hat für die Kirche einen guten Platz gefunden: am Dorfausgang steht sie auf einer Anhöhe, umgeben von den Gräbern, umzogen von einer gut erhaltenen Bruchsteinmauer. Zwischen einem alten, historischen Wegweiser und dem Gedenkmal der im 1. Weltkrieg gefallenen Väter und Großväter der Gemeinde von heute führt der Weg unter alten Bäumen durch ein hohes Portal zu Friedhof und Kirche.

Steine für Kirchen, Klöster und Kapellen

Großfalka

Großfalka, das erst seit 1935 zur Superintendentur Gera gehört, war über viele Jahrhunderte mit Veitsberg verbunden, bevor es 1860 zu Endschütz kam und nun von Niebra versorgt wird. Das kleine Straßendorf hoch oben über dem Wünschendorfer Becken wird erstmals im Jahr 1209 in der Ausstattungsurkunde des Klosters Mildenfurth erwähnt. Die Großfalkaer, deren Hofbestand vom Anfang bis zur Gegenwart immer der gleiche geblieben ist, müssen recht selbstbewußte Bauern gewesen sein. Im „Schafskrieg" von 1510 bis 1515 haben sie nach Vertreibung der Klosterschäfer und Pfändung der Schafe eine fast völlige Befreiung ihrer Fluren von der Mildenfurther Weidegerechtigkeit erkämpft. Diese Episode ist weniger bekannt. Bekannter sind die Großfalkaer Sandsteinbrüche, deren Abbau fast 800 Jahre lang erfolgte und erst nach 1950 eingestellt wurde. Nachweislich sind das Praemonstratenserkloster Mildenfurth und die Kirchen von Veitsberg und Niebra aus Großfalkaer Sandstein erbaut. Daneben wird mit Sicherheit das Baumaterial vieler Sakral- und Profanbauten im weiten Umkreis aus den Großfalkaer Brüchen stammen.
Natürlich ist auch das Kirchlein des kleinen Dorfes aus heimischem Sandstein erbaut. Zuerst war es eine Kapelle, der im Osten eine Apsis angefügt war, die nach der Reformation abgerissen wurde. Der vermauerte Chorabschlußbogen deutet darauf hin. Spätere Umbauten haben aus der Kapelle das Kirchlein von heute gemacht, das als breiter, niedriger Rechteckbau mit seinem winzigen Dachreiter die Dorfgebäude kaum überragt. Die Ausstattung ist recht schlicht, sie entstammt mit den wenigen Bänken, der niedrigen Empore, der Kanzel und dem Pfarrgestühl dem 17. bis 19. Jahrhundert. Nur der steinerne Altarblock gehört noch der Zeit des Kapellenbaus an.
Wenn es in einer Aufzeichnung von 1754 über Großfalka heißt: „. . . es ist nur eine Kapelle daselbst, worinnen der Pfarrer alle 14 Tage montags früh eine Predigt hält. Die dasigen Einwohner haben verschiedene Male im Consistorio angehalten, daß ihre Predigt auf den Sonntag verlegt werden möchte; sind aber allemal abgewiesen worden." Heute haben sie ihren Sonntagsgottesdienst.

Diese kleinste Kirche in der Superintendentur so liebevoll und schmuck herzurichten, wie es an und in den Häusern im Dorf geschehen ist, das wird den Großfalkaern nicht schwerfallen.

Abseits der neuen Straße

Röpsen

Obwohl Röpsen, wie auch Roschütz, im Brahmental liegt, werden beide Orte eigentlich nicht zum Brahmental gerechnet. Bis 1919 bildeten sie eine altenburgische Enklave im reußischen Gebiet. Als die reußischen, die „echten" Brahmentaldörfer, die alte, kurvenreiche, zum Teil auch sumpfige Straße von der Quelle in Bethenhausen bis zum Einfluß in die Elster bei Tinz im Jahr 1900 durch eine verbesserte ergänzen wollten, scheiterte der Plan an der altenburgischen Landesregierung. Sie lehnte für die zu ihrem Hoheitsgebiet gehörenden Orte Röpsen und Roschütz die Beteiligung ab. Man mußte den Plan der Talstraße fallenlassen und entschied sich 1911 zum Bau der Bergstraße. Sie ließ altenburgisches Gebiet unberührt und führt nun ab Dorna über die „Hasensäule" auf Trebnitzer Flur nach Gera. Noch heute gelangt man nur auf der alten kurvenreichen Straße nach Röpsen. Die beiden eingepfarrten Orte Hain und Wacholderbaum liegen am Hang und oben an der Straße des nördlichen Höhenzuges.
Der 1120 erstmals urkundlich bezeugte Ort wird schon recht bald eine Kapelle gehabt haben, die dann durch die Gutsherrschaft zur Kirche erweitert wurde. Der Neubau von 1669 war so mangelhaft fundiert, daß er zum Teil wieder einstürzte und 1689 nochmals errichtet werden mußte. Hundert Jahre später machte sich die Erneuerung des Turmes notwendig. Dabei erhielt er den gefälligen barocken Schweifkuppelaufsatz. Der stilfremde Eingangsvorbau und die überaus nüchterne Innenausstattung gehören der Erneuerung von 1863 an. Altar, Taufgestell und Kanzel entbehren jedweder künstlerischen Ausgestaltung. Weit gefälliger wirkt der Gemeindeteil der Kirche, dessen Gestühl in einem Mittelblock und in je einer Reihe unter der Empore aufgestellt ist. Daß die Emporen und ihre Pfeiler in Weiß gehalten und mit Goldleisten verziert sind, bringt etwas

Freundlichkeit in den Raum. Die schöne Balkendecke mit stark gekehlter Profilierung hatte in den Zwischenfeldern Bildmalerei, leider wurde sie überputzt. Das einzige Ausstattungsstück vom Wiederaufbau 1669 ist das alte Taufgestell. Unbenutzt steht dieses frühbarocke Kunstwerk in der Ecke. Noch älter ist die Sakristei, die ehemalige Begräbniskapelle des alten Rittersitzes. Mit ihrem rippenlosen Kreuzgewölbe ist sie ein Zeuge aus vorreformatorischer Zeit.

... davor mich Gott bewahre

Schwaara

„Laasen, Trebnitz, Schwaare, davor mich Gott bewahre!" heißt es in einer alten Redensart. Warum diesen drei Orten, die seit je das Kirchspiel Schwaara bilden, diese etwas abträgliche Bewertung zukommt, ist nicht bekannt. Vermutlich hieß es früher „Laasen, und nicht Trebnitz, Schwaare ...". Laasen war bis Anfang des 20. Jahrhunderts das ärmste Dorf im Geraer Land. Der gesamte Grundbesitz gehörte zum Kammergut, auf dem die Dorfbewohner als Tagelöhner arbeiteten. Trebnitz und Schwaara hingegen waren reiche Dörfer mit großen Bauernhöfen. Die Sage kennt sogar die Ursache dieses Reichtums. Eine Bäuerin hatte ihren Kühen die heilige Hostie gegeben und siehe: die Milchproduktion stieg. Und es stieg auch der Reichtum, bis man die Bäuerin in den Wald bannte. In Wirklichkeit hatte der Wohlstand seine Ursache in dem ertragreichen Ackerboden und wohl auch darin, daß die beiden Dörfer nicht einem Rittergut, sondern der Landesherrschaft direkt unterstanden. Auch kirchlich war Schwaara unabhängiger als die Kirchen, die von einer Grundherrschaft errichtet worden waren. Bis zur Auflösung der Pfarrei Schwaara war der Superintendent von Gera Patronatsherr der Kirche.

Das Gotteshaus oben am Dorfrand ist ein großer Bau. Er besteht seit dem 15. Jahrhundert. Im östlichen Teil und im Turmunterteil sind noch Reste der alten Kapelle eingebaut. Zeuge der alten Kirche ist der gotische Chorraum mit Kreuzrippengewölbe und Triumphbogen. Die Erweiterung des Langhauses und der Einbau der Emporen erfolgten 1719. Erst aus dem Beginn des 19. Jahrhunderts stammt der überaus schlanke Kanzelbau, der zwischen korinthischen Pilastern und Dreiecksgiebel die Kanzel trägt.

Kanzelbau, Orgel und die sonstige Ausstattung sind schlicht, ohne besondere Ausschmückung. Vielleicht könnte man das Wort abändern und sagen lassen:

„In Lieb' und Treu bewahre
dir deine Kirche, Schwaare!"

Doppelte Predigt

Trebnitz

Etwas höher gelegen als Schwaara und auch näher an der Straße von Gera nach Ronneburg findet man Trebnitz. Für die in der Chronik gerühmte Wohlhabenheit des Ortes mögen die gleichen Voraussetzungen wie in Schwaara gegeben gewesen sein. Schon frühzeitig gehörte Trebnitz zu den Küchendörfern des Ostersteins. Flurteile von Wüstungen hatten dann zur Vergrößerung der Anbaufläche geführt. Ob der von 1590 bis 1717 bezeugte Kupferbergbau auch dem Dorf zugute kam, ist zu bezweifeln. Die Bergwerkspredigt von Pfarrer Andreas Jähnert von 1715 läßt es offen.
Die Kirche hat, wie auch anderswo, ihre Vorgängerin in einer Kapelle. Diese ist im Turmunterbau und in der jetzt als Sakristei dienenden Apsis zu finden. Nach Um- und Erweiterungsbauten im 15. und 17. Jahrhundert erhielt sie bei der Erneuerung von 1744 den reich verzierten barocken Kanzelbau in Weiß und Gold. Er ist nicht nur eine kunstvolle Ausschmükkung des Gotteshauses, er bringt zugleich auch ein Stück geschnitzte Verkündigung. Die Wortpredigt findet ihre sinnbildliche Darstellung in der Bilderpredigt des großen Kanzelbaus, der die Kanzel trägt und umrahmt. Die christlichen Symbole des Pelikan am Schalldeckel, die flammenden Zeichen über dem Dreiecksgiebel und Kreuz und Anker in den Händen von Knaben über den korinthischen Pilastern stellen sinnbildlich dar, was von der mit dem reußischen Wappen geschmückten Kanzel verkündet wird: Der Herr hat sich für seine Gemeinde geopfert, Glaube, Liebe und Hoffnung sind ihre Antwort. Zu dieser Lebenshilfe durch Christus rufen die alten Glocken aus dem 15. Jahrhundert oben im Turm. Seinen Schweifkuppelabschluß trägt er erst seit 1810. Durch die Pforte in der gut erhaltenen Bruchsteinmauer, vorbei an den Gräbern der Heimgegangenen, finden die Trebnitzer und Laasaner ins Gotteshaus mit der doppelten Predigt.

Mutterkirche im Brahmental

Dorna

Mittelpunkt des von Osten her ins Elstertal einmündenden Brahmentals ist seit je das Dorf Dorna. Wie Funde erweisen, befand sich am Nordhang über dem Dorf eine frühgeschichtliche Anlage. Bereits Mitte des 11. Jahrhunderts soll in Dorna, das damals zum Burgwardbezirk Langenberg gehörte, oben am Südhang eine Kirche gestanden haben. Eine Missionskirche, wie die Sage wissen will, war sie nicht. Sie diente der seelsorgerlichen Betreuung der vermutlich aus dem Orlatal eingewanderten Siedler.
Die Kirche, die Spuren hohen Alters trägt, läßt deutlich die verschiedenen Bauperioden erkennen. Der älteste erhaltene Teil ist der weiträumige Chor, ein Bau aus dem 13. Jahrhundert. Bei einem Umbau um 1500 erhielt er das spätgotische Spitzbogengewölbe, dessen profilierte Rippen sich in Schlußsteinen kreuzen. Mittelpunkt des Chores ist der dreiteilige Flügelaltar aus dem ausgehenden 15. Jahrhundert. Im Mittelschrein steht im Strahlenkranz Maria mit dem Jesuskind auf dem Arm. Die Seitenflügel zeigen je vier kleine Schnitzfiguren paarweise übereinander: links Johannes den Täufer und die heilige Katharina, darüber einen Bischof und die heilige Magdalena. Im rechten Flügel stehen die Heiligen Margaretha und Wolfgang, darüber die heilige Barbara und Andreas. Die Gemälde auf den Flügelrückseiten sind teilweise verdorben. Durch die Renovierung von 1889 hat der Altar leider sehr viel von seiner alten Farbenpracht verloren. Den schlanken Taufstein, verziert mit Frucht- und Blumengewinden, hat der damalige Ortspfarrer Petzold für seine Gemeinde fertigen lassen. Auch die Kanzel ist ein Geschenk von ihm. Sie ist ein Meisterstück handwerklicher Kunst, mit geschnitztem Rankenwerk und aufgelegten Verzierungen reich ausgestattet. Leider hat sie ihre alte Schönheit durch die dunkelbraune Übermalung von 1889 verloren. Der dunkle Farbton der gesamten Innenausstattung läßt das Langhaus trotz seiner Höhe düster wirken. Bemerkenswert ist die Stellung des Turmes, der in Dorna nördlich an den Chor angebaut ist. Er ist recht hoch und steigt bis zum dritten Obergeschoß massiv auf, um im üblichen Schweifkuppelaufsatz zu enden. Im Jahr 1786 wurde in das Erdgeschoß die Sakristei eingebaut; es hat noch das rippen-

lose Kreuzgewölbe. Alt ist auch das gotische Portal in der Nordfassade, durch das die Gemeinde aus Dorna, Negis und Cretschwitz ihre Kirche betritt.

Einst ein Idyll

Zschippach

Das Brahmental aufwärts, kommt man von Dorna bald in die Filialgemeinde Zschippach. Früher, als sich noch die Räder der Mühlen beim und im Dorf drehten, war es, besonders um die Zoitzmühle herum, ein richtiges Idyll. Etwas davon ist noch geblieben. Und doch war der Ort nicht so abgelegen, als daß er von den Kriegen vergangener Jahrhunderte verschont geblieben wäre. 1645 brannten Soldaten die Kirche nieder. Sie war ein kleiner, einfacher, erst 1533 errichteter Bau. Vorher hatte es in Zschippach nur eine Gutskapelle gegeben. 1648 erfolgte dann der Wiederaufbau der zerstörten Kirche. Der Turm mit seinem auffallend hohen Barockaufbau konnte allerdings erst ein dreiviertel Jahrhundert später, 1722, errichtet werden.

Die Innenausstattung entstammt dem ausgehenden 19. Jahrhundert. Sie ist einfach, in den Standsäulen von Taufe und Kanzel gekünstelt. Hier wechseln Hohlkehlen und Rundstäbe in übertriebenem Maße. Einfacher und natürlicher profiliert zeigen sich die Standbretter des Lesepultes, das dem in Dorna sehr ähnelt. Daß alle hölzernen Ausstattungsstücke der Zschippacher Kirche ganz in Dunkelbraun gehalten sind, kann nicht verwundern. Die Ausmalung erfolgte nur wenige Jahre nach der Dornaer Kirchenerneuerung und in ihrer Nachahmung. Erfreulich aber ist es, daß in Zschippach große und hohe Fenster dem Tageslicht reichlich Einlaß gewähren können. Und ebenso erfreulich ist es, daß die kleine Gemeinde in der für sie so großen Kirche im geschlossenen Bankblock in der Mitte zusammensitzen kann.

Hoch hinaus

Groitschen

Eine Kirche „in Groitschen“ gibt es seit 50 Jahren nicht mehr, es heißt jetzt „Kirche in Brahmenau“. Seit 1935 sind die drei kleinen Orte Culm, Waaswitz und Groitschen zur Gemeinde Brahmenau zusammengeschlossen. Groitschen, das schon sehr frühzeitig genannt wird, war bis kurz vor der Reformation selbständig. In den Visitationsakten von 1533 heißt es: „Ist etwan ein eigen pfarr gewest, verwaltet itzund der pfarrer zu Selmnitz.“ Aber bereits elf Jahre später kam Groitschen als Filial zu Dorna.
Die vor den Anschluß an Söllmnitz abgebrannte und dann wieder aufgebaute Kirche mußte 1783 wegen Baufälligkeit abgebrochen werden. Im Jahr 1786 stand der Neubau. Es ist die Kirche von heute; ganz oben am Rande des kleinen Dorfes, eine Kirche mit verhältnismäßig hohem Langhaus und überaus schlankem, hohen Turm.
Weiträumigkeit, hohe Fenster und die lichte Ausmalung geben dem Gotteshaus Helligkeit. In dem weit nach oben gezogenen Rundbogen steht der Kanzelbau als hohe Bretterwand. Aus ihr tritt zwischen ionischen Pilastern und stark gekröpftem Quergesims weit über dem Altar die Kanzel hervor. Um die sonst starr wirkende Wand aufzulockern, sind über den Türen beiderseits des Altars Rundbogenöffnungen eingelassen. Der recht nüchterne Innenraum, der auch an Gestühl, Emporen und der Poppe-Orgel von 1824 nur geringe ornamentale Bemalung zeigt, wirkt großzügig. Irgendwie entspricht der große und hohe Bau der Chroniknotiz von 1870: „der Ort ist wohlhabend“. Bestimmt war bereits 1786 die Kirche für die kleine Gemeinde, zu der auch Caasen und Wüstenhain gehören, zu groß gebaut.

Kirche zu Niebra,
Blick in den Altarraum

Kirche zu Niebra,
Holzfigur, vom Volksmund Niefra genannt

Kirche zu Hilbersdorf

Kirche zu Röpsen

Kirche zu Großfalka

Kirche zu Schwaara

Kirche zu Trebnitz

Kirche zu Dorna

Kirche zu Zschippach

Kirche zu Groitschen

Kirche zu Pölzig

Gera, St.-Johannis-Kirche, Blick zum Altar

Gera, St.-Trinitatis-Kirche,
Blick zum Altar

Gera, St.-Salvator-Kirche,
Blick auf Altar und Kanzel

Apsis mit Altar
Gera-Lusan, St.-Ursula-Kirche,

Kirche zu Pölzig, Blick zum Altar

Kirche zu Niebra,
Altarschrein, mittlerer Teil

Kirche zu Kraftsdorf,
Blick zum Altar

Dñica prima in aduentu
dñi ad missam introitus.
Ad te leua-
ui animaʒ
meã: deus
meus in te
confido nõ
erubescaʒ:
neqʒ irrideant me inimici mei: ete-
nim uniuersi qui te expectãt nõ cõ
fundentur. Ps. Uias tuas do-
mine demonstra mihi: et semitas
tuas edoce me. Gloria patri et fi.
Gloria in excelsis nõ dr. Oro
Excita qm̃s dñe potẽ
tiã tuã et ueni: ut ab
imminentib' peccatoꝝ no-

Kirche zu Großaga,
aus einem vorreformatorischen Meßbuch,
einem Missale der Frühdruckzeit

Der fromme Graf

Pölzig

Anfang des 18. Jahrhunderts kam dem damals herzoglich-altenburgischen Dorf Pölzig eine maßgebende Stellung innerhalb der großen evangelischen Reformbewegung des Pietismus zu. Erdmann Heinrich Graf Henckel Freiherr von Donnersmarck auf Pölzig, der mit August Hermann Franke und Heinrich XXIV. Graf Reuß zu Köstritz den „Geheimen Rat" des Hallischen Pietismus bildete, machte durch seine beispielhafte tiefe Frömmigkeit und für alle offene Herzlichkeit Pölzig zu einem geistlichen Mittelpunkt. 1691 hatte sein Vater das Pölziger Schloß erworben und bereits ein Jahr später umfangreiche Erneuerungsarbeiten an und in der Kirche durchführen lassen. Mit der umfassenden und tiefgreifenden Um- und Neugestaltung von 1979 bis 1981 ist aus einer im Inneren allmählich verbauten und unansehnlich gewordenen Kirche gewissermaßen ein innen und außen neues Gotteshaus geworden.
Sie steht inmitten des ehemaligen Friedhofes, einer gut gepflegten Anlage. Ihre Baugeschichte ist leicht ablesbar. Einer gotischen Kapelle, dem heutigen Chor, ist an der Nordseite ein Turm, nach Westen das Langhaus angebaut, das vermutlich 1691 nach Norden hin verbreitert wurde. Dabei könnte auch der Turm seine Haube erhalten haben. Betritt man das Gotteshaus, ist man erst einmal gefangengenommen von der Lichtfülle und Farbenpracht des Raumes. Mittelpunkt ist der neue Altar aus hellem Sandstein. Hinter ihm erhebt sich als Altarbild ein großes Ölgemälde aus dem Jahr 1693 mit der Darstellung der Kreuzigung Jesu. Barocke Schnitzereien in wechselnder Gestaltung und reicher Vergoldung umrahmen das Gemälde. In die Verzierungen beiderseits des Kreuzigungsbildes sind die geschnitzten Figuren des Elia, den die Raben speisen, und Johannes des Täufers, der Kreuz und Wort trägt, eingefügt. Im großen Rundbild, das von Girlanden umrahmt ist und zwischen sitzenden Engeln bis zur Decke reicht, ist die Trinität dargestellt. So schlicht der Altar auch sein mag, das reich verzierte und vergoldete Bildwerk dahinter verdeutlicht unübersehbar seine Bedeutung. Zu dieser Bildpredigt gehören auch die zwei großen Gemälde der Auferstehung und der Himmelfahrt Christi, die die gesamte Deckenfläche über dem Chor ausfüllen. Aus gebranntem Ton – und das ist eine Seltenheit – ist der Taufstein aus dem 19. Jahrhundert. Sorgsame malerische Behandlung hat ihn der Farbaussage von Altarbild und Chor-

decke angeglichen. Ein Kunstwerk besonderer Art sind die Gemälde in den Feldern der Kassettendecke im Kirchenschiff. Sie stammen aus dem Jahr 1692 und stellen ein biblisches Bilderbuch dar, das aufmerksames Betrachten fordert und die Andacht fördert. In bunter Farbenpracht zeigen acht zum Teil große Bilder der Gemeinde die Verheißung und Erwartung des Alten Testamentes. Erfüllung bringt Jesus Christus. Er wird von der Kanzel aus verkündet. Sie steht zwischen Altar und Gemeinde, an der südlichen Triumphbogenwand, ein Kunstwerk des 17. Jahrhunderts aus der ehemaligen Kirche zu Culmitzsch bei Greiz. Eine von Weinlaub umwundene Säule trägt die Kanzel, kleine Säulen umrahmen in ihrer Wandung Gemälde Jesu und der Evangelisten.
Die Pfarrei Pölzig, die erst seit 1921 zur Superintendentur Gera gehört, hat für ihre eingepfarrten Dörfer Sachsenroda und Beiersdorf und die mitverwalteten Gemeinden Hirschfeld, Wernsdorf, Söllmnitz und Bethenhausen mit ihren Kirchen eine einladende Zentralkirche erhalten.

Nutze die Zeit

Hirschfeld

Das in einer flachen Senke nördlich des Brahmentals gelegene Dorf hatte bereits frühzeitig eine Kapelle, die zur Urpfarrei Dorna gehörte. Bei der späteren Erhebung zur Pfarrkirche erhielt sie Bethenhausen und Wernsdorf, nach der Reformation noch Söllmnitz als Filialkirchen. Seit 1927 wird das gesamte Kirchspiel von dem Pfarramt Pölzig versorgt.
Daß die Hirschfelder mit ihrer Kirche so manchen Ärger hatten, weil dauernd an ihr zu reparieren war, mag mit an dem ungünstigen, feuchten Standort in der Dorfmitte liegen. Der Turmunterbau stammt noch aus dem 13. Jahrhundert, den baufälligen Oberteil ersetzte man 1832 durch ein achteckiges Obergeschoß mit aufgesetztem spitzen Helm. 1872 mußte auch das Langhaus abgebrochen und unter Benutzung der alten Grundmauern neu errichtet werden. Seiner schlichten Ausstattung in Gestühl und Empore entspricht die Gestaltung des Chorraumes hinter dem alten Triumphbogen. Aus einer Bretterwand mit Türen beiderseits des Altares tritt über ihm die Kanzel hervor. Sie ist ein sehr spärlicher Ersatz für den wertvollen, gut erhaltenen gotischen Flügelaltar aus der Werkstatt von

Peter Breuer. Ende des vergangenen Jahrhunderts wurde er an das Geraer Museum verkauft. Der Taufstein aus dem Jahr 1662 ist das einzige Ausstattungsstück aus der alten Kirche. Die gute Handwerkerarbeit mit Beschlagmuster an Schaft und Becken ist eine Stiftung des damaligen Pfarrers Michael Petzold. Neu und eigentümlich und darum besonders auffallend ist das Zifferblatt der Turmuhr, das keine Ziffern hat. An ihrer Stelle liest man in 12 Buchstaben: NUTZE DIE ZEIT. Den Hirschfeldern und allen, die sich der Mühe des Entzifferns unterziehen, eine notwendige und nützliche Mahnung.

Wieder wie einst?

Söllmnitz

Söllmnitz ist eine der frühen Kolonistensiedlungen in der ehemaligen Pflege Langenberg. 1121 wird der Ort, Stammsitz eines weitverzweigten Rittergeschlechtes, erstmals urkundlich erwähnt. Im 13. Jahrhundert erweiterten die Herren von Selmnitz die von der Urpfarrei Dorna versorgte Söllmnitzer Kapelle zur Pfarrkirche. Die Pfarrei Söllmnitz blieb bis ins erste Jahrzehnt nach der Reformation bestehen. Fast 400 Jahre, bis 1927, wurde die Gemeinde vom Pfarramt in Hirschfeld versorgt, seitdem vom Pfarramt in Pölzig.

Die Kirche von heute ist ein Erweiterungsbau aus der Zeit der Wende vom 15. zum 16. Jahrhundert. Der Turm ist jüngeren Datums, es ist ein auf die Dachmitte aufgesetzter Dachreiter mit hohem und spitzem Helm. Der spätgotische Baustil ist am Chor, den spitzbogigen Fenstern, dem profilierten Westportal und dem umlaufenden gotischen Sockelgesims unschwer zu erkennen. Er würde noch klarer in Erscheinung treten, stünde die Kirche nicht zu nahe am ehemaligen Rittergutsgebäude. So fehlen die Strebepfeiler, die am Chor und an der Langhaus-Südseite vorhanden sind, an der fensterlosen Nordseite. Veränderungen, die die Grundherren in der Zeit vom ausgehenden 17. bis zum beginnenden 19. Jahrhundert in der Kirche auf eigene Kosten vornehmen ließen, betrafen zumeist die Innenausstattung. Sie brachten in den gotischen Raum barocke Bild- und Ornamentmalerei an Emporenbrüstung und Kassettendecke und barockes Schnitzwerk an der Kanzel. Leider wurde dabei der wertvolle, noch gut erhaltene

gotische Flügelaltar aus dem Anfang des 16. Jahrhunderts entfernt. Er hat im Geraer Museum Aufnahme gefunden.
Eine seit langem anstehende Erneuerung der Innengestaltung hat im Jahr 1984 begonnen. Die Gemeinde wird, wenn sie sich wieder zum Gottesdienst in ihrer alten, so schönen Kirche zusammenfindet, das Ihre dazu getan haben, ihrem Gotteshaus durch neue und frische Farben wieder zum barocken Schmuck von einst verholfen zu haben.

Turmsorgen

Wernsdorf

Das kleine Wernsdorf zeigt noch heute die alte Grundform bäuerlicher Siedlung aus der Kolonistenzeit. Beiderseits eines breiten Mittelstreifens von Hausgärten am Dorfbächlein liegen die Gehöfte an den beiden Straßen, die sich oben an der Kirche treffen. Der erste Kirchenbau, eine von Dorna aus versorgte Kapelle, ist noch vor der Reformation zur Kirche erweitert und der Pfarrei Hirschfeld zugewiesen worden. Im Jahr 1715 mußte das baufällig gewordene Kirchlein einem größeren Neubau weichen. 1859 haben die Wernsdorfer, die für ihre Kirche immer etwas übrig hatten, ihrem Gotteshaus im Zuge einer umfassenden Erweiterung das Aussehen von heute gegeben. Daß dabei ohne Befragen der Gutsherren die Rittergutskapellen von Söllmnitz und Cretzschwitz mit abgerissen worden waren, hat den Wernsdorfern wohl Ärger gebracht, zugleich aber auch ihr Selbstbewußtsein gestärkt.
Die Kirche ist ein einfacher Rechteckbau mit angefügtem, recht hohen und schlanken Turm. Starke Verwitterungsschäden, besonders am hohen Helmaufsatz machen der klein gewordenen Gemeinde viele Sorgen. Für das Kircheninnere ist vorerst ausgesorgt. Ein modern eingerichteter und leicht heizbarer Gemeinderaum unter der Orgelempore bietet günstige Voraussetzungen für Wintergottesdienste und außergottesdienstliche Zusammenkünfte. Für sonstige Gottesdienste steht der immerhin noch große Kirchenraum zur Verfügung. Aus der Empore, die geschlossen den Raum umzieht, tritt über dem Altar die Kanzel hervor. Biblische Bilder, Sprüche und Symbole, die bei der Ausmalung von 1894 an Kanzel, Emporen und Decke kamen, lassen noch heute erkennen, daß die Wernsdorfer eine

schöne Kirche haben wollten. Nachbar der Kirche ist die mächtige alte Eiche über dem Gedächtnismal vor der Kirchhofstür in der alten Friedhofsmauer.

Ersatz

Bethenhausen

Der kleine Ort Bethenhausen gehört wohl noch zum Brahmental, wird aber als Filial der einstigen Pfarrei Hirschfeld mit dieser seit 1927 von Pölzig mitverwaltet. Die Sage will wissen, daß Bethenhausen seinen Namen von einer Straßenkapelle, einem Bethaus an der Kreuzung zweier alter Handelsstraßen, erhalten habe. Das Dorf, das einst auch zur ehemaligen Pflege Langenberg gehört hatte, unterstand als gemischt reußisch-altenburgischer Ort noch im 19. Jahrhundert drei verschiedenen Patrimonialgerichten. Immerhin aber hatte es wenigstens Bürgermeister und Kirche gemeinsam. 1771 war die alte, den Aposteln Simon und Juda geweihte Kapelle wegen Baufälligkeit abgebrochen und durch einen Neubau von Grund auf ersetzt worden. Es ist ein kleiner, schlichter Rechteckbau. Als Turm ist ihm ein beschieferter hoher Dachreiter mit Barockhaube aufgesetzt. Die Innenausstattung entspricht ganz der Art, in der im 18. und 19. Jahrhundert kleine Filialkirchen erneuert wurden. Sie ist nur auf das Notwendigste beschränkt, meist ohne ornamentale Ausschmückung. Diese Schlichtheit beeinträchtigt nicht die Aufgabe des Gotteshauses, Heimstatt der Gemeinde zu sein.
In einer Chronikaufzeichnung von 1842 heißt es: „Wenn diese Gemeinde in früheren Zeiten einen besonders hohen Grad ächt kirchlichen Sinnes verräth, so kann zum Ruhm derselben versichert werden, daß dieser gute Geist auch jetzt noch auf der Gemeinde ruhet.“ Bevor die grundlegende Erneuerung, die notwendig geworden ist, vorgenommen werden kann, begnügt sich die klein gewordene Gemeinde des Dorfes mit dem im Altarraum abgetrennten, modern eingerichteten Gemeinderaum. Für Gottesdienst und Gemeindeveranstaltungen bietet er so lange genügend Platz, bis einmal wieder die Chroniknotiz von 1842 Geltung erlangt.

Der Aog'sche Appels

Großaga

Wenn eine Gemeinde ihre Kirchweih am Ewigkeitssonntag feiert, muß das schon einen Grund haben. Die Agaer haben ihn seit langem, denn ihre Kirmes war seit je mit dem „Appels", dem großen Agaer Jahrmarkt verbunden. Entstanden war er im Mittelalter, als Großaga noch Wallfahrtsort war und jeder Ablaß erhielt, der am 24. August, dem Namenstag des Schutzheiligen der Ortskirche, des Bartholomäus, am Gottesdienst teilnahm. Mit der Reformation hörten die Wallfahrten auf, aber Kirchweih und Markt blieben und wurden 1678 in die Woche vor den 1. Advent verlegt. Als nach dem 1. Weltkrieg der große Einkaufsmarkt allmählich sein Ende fand, wurde die Agaer Kirchweih noch immer als „letzte Ger'sche Kermse" gern besucht.

Großaga ist aus einer deutschen Rodungssiedlung am Südrand des Zeitzer Forstes entstanden, jahrhundertelang führte die alte Messestraße von Gera nach Leipzig durch das Dorf. Von 1826 bis 1928 und einige Jahre nach 1945 wurde zwischen Kleinaga und Reichenbach Braunkohle zu Torfziegeln abgebaut. Heute ist die alte „Grube Jäger" als Strandbad beliebtes Naherholungsgebiet für die Geraer.

Die Kirche, unmittelbar neben dem alten Rittersitz gelegen, ist baulich wiederholt stark verändert worden. Ihr massiver Turm, in dessen Untergeschoß noch Mauerwerk des ersten Kirchenbaues enthalten ist, trägt erst seit dem 19. Jahrhundert Schweifkuppel und Spitzhelm. Sakristei und Patronatsloge sind Anbauten aus dem 18. Jahrhundert, die 1863 eingebaute große Orgel kommt aus der Werkstatt Peternell-Seligenthal. Die augenfälligste Erneuerung erfuhr der von einem rippenlosen Gewölbe überzogene Chor, als von 1718 bis 1720 der große Kanzelbau eingefügt wurde. Fast lebensgroße Figuren der Apostel Paulus und Johannes des Täufers umrahmen die verzierte Kanzel, korinthische Säulen und ein Quergesims mit Urnen und einem Strahlengebilde begrenzen den Kanzelbau. Von besonderer Schönheit ist das große Taufgestell, das reich mit barokker Blumen- und Ornamentschnitzerei verziert ist. Als Abdeckung dient ein ebenso kunstvoll geschnitztes Lesepult. Die ausgebreiteten Arme und Flügel eines knienden Engels tragen die Pultfläche. Taufgestell und Kanzelbau sind Werke des Geraer Stukkateurs und Bildhauers Samuel Nahl. Ältere Zeugnisse sakraler Kunst sind der fast lebensgroße Kruzifixus und

die drei Schnitzfiguren an der Chorwand. Sie sind Teile eines ehemaligen gotischen Flügelaltars und stellen Anna Selbdritt, Andreas und vermutlich Bartholomäus, den Schutzheiligen der Kirche, dar.
Über die Geschichte des Kirchspiels Großaga mit den eingepfarrten Dörfern Kleinaga, Reichenbach, Seligenstädt und Lessen ist im Pfarrarchiv viel Material enthalten. Von Sitten und Gebräuchen, die das Leben bestimmten, von politischen, kulturellen und wirtschaftlichen Verhältnissen, in denen man lebte, von Ängsten und Nöten, die Pest- und Kriegszeiten in die Dörfer brachten, ist da viel zu erfahren. Seit 1928 wird Großaga von Roben aus verwaltet. Die Gemeindeglieder kümmern sich um ihre Kirche, mit der Innenerneuerung von 1966 haben sie ihr Gotteshaus freundlich und einladend gestaltet.

Schwer zu finden

Roben

Daß ein Dorf, an einem Hang gelegen und nur durch die Höhenstraße mit der Umgegend verbunden, seine Kirche ausgerechnet am untersten Ende hat, ist ganz selten. In Roben, oben am Rand über dem Elstertal, liegt die Kirche abgetrennt vom Dorf ganz unten an einem tiefen Grabenrand. Die Sage weiß warum: die Gemeinde wollte gegen den Willen des Pfarrers das Gotteshaus oben an der durchgehenden Dorfstraße haben und schaffte das Baumaterial dorthin. Aber jedesmal hatten über Nacht unsichtbare Hände Holz und Steine ans Borntal gebracht. So erhielt die Kirche schließlich ihren Platz ganz unten und hat ihn dort noch heute.
Hinter der Sage steht die seit langem verlorengegangene Kenntnis von der Kirchengründung, für die der „Wall" günstige Voraussetzungen geboten hatte. Im Schutz einer frühgeschichtlichen Anlage mit doppeltem Halsgraben auf einem dreieckigen Zipfel zwischen zwei Schluchten des Borntales fand das Gotteshaus seinen Platz. Es ist die Gründung eines bereits 1146 genannten Grundherrengeschlechts. Die Kirche hat wiederholt Umbauten erfahren, 1546 wegen Baufälligkeit, von 1729 bis 1731 und 1899/1900 im Zuge umfassender Erweiterung und zuletzt 1950. Der massige Turm mit viereckigem Unterbau, achteckigem Oberbau und breiter Schweifkuppel mit Arkadenabschluß wurde erst 1729 errichtet. Bis da-

hin hatten die Glocken ihren Platz in einem seitwärts stehenden Gerüst. 1899/1900 erhielt die Kirche mit dem Anbau von Treppenhaus und turmähnlichem Emporenaufgang ihre heutige äußere Gestalt. Die letzte Innenrenovierung erfuhr sie 1950. Anlaß war die Wiederaufstellung der restaurierten und in einem neuen Schrein eingefügten Figuren eines gotischen Schnitzaltares, die über 200 Jahre auf dem Boden gelegen hatten. Im Mittelschrein steht zwischen der heiligen Margaretha und einer nicht mehr identifizierbaren Heiligen die Mutter Maria mit dem Jesuskind auf dem Arm. Die Seitenflügel zeigen die heilige Anna Selbdritt und den heiligen Martin, den Namenspatron der Robener Kirche. Die Kanzel, ein Werk aus dem Jahre 1749 mit reicher Schnitzerei, bisher über dem Altartisch an der Ostwand, bekam wieder ihren alten Platz am südlichen Chorpfeiler. Seine ehemalige Bestimmung erhielt auch das Chorostfenster wieder, das als Tür aus der nun abgebrochenen Sakristei zur Kanzel geführt hatte. Bänke, Empore und die Kreuzbachorgel entstammen der Erneuerung von 1900, die hölzerne Barocktaufe mit Lesepultaufsatz und die schönen Balken an der Decke gehören seit 1729 zur Kirche.
Diese Baunachrichten und noch weit mehr aus der Geschichte von Roben und den beiden eingepfarrten Orten Rusitz und Steinbrücken enthält das bis in die Reformationszeit zurückreichende wertvolle Pfarrarchiv. Lange Zeit galten die bis Mitte des vorigen Jahrhunderts versteckten Walddörfer als beste Gemeinde im Geraer Land. Sie wußten, daß ihre Kirche, die der Fremde erst nach langem Suchen ganz unten findet, wohl nicht in der Mitte des Dorfes steht, aber die Mitte des dörflichen Lebens ist.

Nicht nur Bad, Bier und Blumen

Bad Köstritz

Bad Köstritz hat viel zu bieten: den Kranken Heilendes im Sanatorium, das im Jahr 1864 als Solebadeanstalt begründet wurde, den Durstigen Wohlschmeckendes aus dem VEB Köstritzer Schwarzbierbrauerei, die aus der alten, schon früher berühmten Fürstlichen Brauerei hervorgegangen ist, den Blumenfreunden Wohlduftendes und Farbenprächtiges aus den zahlreichen Gärtnereien, in denen seit Anfang des 19. Jahrhunderts Blumenzucht im großen Maßstab betrieben wurde. Aber es ist noch mehr zu finden: bedeutende Männer aus Kirchen- und Kulturgeschichte.

1585 wurde in Köstritz Heinrich Schütz geboren, der bedeutendste deutsche Komponist geistlicher Musik vor Johann Sebastian Bach. Von 1637 bis 1645 war die Köstritzer Kirche Predigtstätte des „Reußischen Abraham a Santa Clara", des durch seine originellen Predigten bekannten Pfarrers Johann Junghans. In der Zeit von 1714 bis 1748 war Köstritz der heimliche Mittelpunkt des Pietismus. Heinrich XXIV., Graf Reuß zu Köstritz, war als „Diplomat für das Reich Gottes" der maßgebende Mitarbeiter von August Hermann Franke in Halle. Im Jahr 1795 verstarb in Köstritz der Komponist der vorklassischen Epoche Georg Anton Benda, bedeutsam durch sein musikdramatisches Schaffen. Von 1858 bis 1885 war Pfarrer Julius Sturm treuer Seelsorger der Köstritzer. Lieder, Gedichte, aber auch Fabeln und Märchen haben ihn weit über seine Gemeinde hinaus bekannt gemacht. Köstritz ehrte ihn als Ehrenbürger, Obrigkeit und Wissenschaft verliehen ihm die Titel eines Geheimen Kirchenrates und Professors der Theologie. Weniger bekannt bis heute blieb Pfarrer Werner Sylten, der von 1925 bis 1936 als zweiter Pfarrer von Köstritz Leiter des 1896 gegründeten Thüringer Mädchenheimes war. Der bekenntnistreue Zeuge Jesu Christi wurde als Dachauer KZ-Häftling im Jahr 1942 in der Vernichtungsanstalt Hartheim ermordet.

Köstritz, das sich aus drei ehemaligen Rittersitzen allmählich zu einer Siedlung an der alten Straße von Gera nach Eisenberg entwickelt hatte, gewann mit Beginn des 18. Jahrhunderts kulturelle Bedeutung. Der Köstritzer Hof, seit 1690 Sitz der reußischen Nebenlinie Köstritz, war zur Zeit des Pietismus weitberühmte Erziehungsstätte für den hohen deutschen Adel, Anfang des 19. Jahrhunderts Begegnungsort des Freundeskreises um Goethe und Hort der berühmten reußischen Kunstsammlung. Seit

Mitte des 19. Jahrhunderts machen Bier, Bad und Blumen den 1927 zur Stadt erhobenen Ort bekannt:
Schon sehr früh war auf einer Anhöhe südlich des Dorfes eine dem heiligen Leonhard geweihte Kapelle vorhanden, die von Langenberg aus versorgt wurde. Für das Jahr 1517 ist eine weitgehende Ausbesserung des inzwischen zur Pfarrkirche erhobenen Gotteshauses bekannt. Zweihundert Jahre später mußte sie als baufällig und für die Gemeinde zu klein geworden abgebrochen und durch einen Neubau ersetzt werden. Der Turm, der vorerst noch stehengeblieben war, erhielt 1820 ein Obergeschoß mit stumpfem Zeltdach. Zu der umfassenden Innenerneuerung im Stil der Romanik, in dem sich die Kirche von heute darbietet, kam es im Jahre 1898.
Das Auge muß sich erst an das durch farbige Glasfenster und dunkelbraune Tönung aller Holzflächen gedämpfte Licht gewöhnen. Es gewahrt vorerst den etwas helleren spätgotischen Chor und in ihm den Altar, reich und prächtig mit Bildern und Ornamenten in Goldmosaik ausgeschmückt. Auffallend ist die breite Kanzelanlage, die sich aus dem Chor bis in das Langhaus zieht. Auch sie trägt reichvergoldete Ornamentausschmückung. Taufe, Lesepult und ehemaliger Fürstenstand tragen gleiche, wenn auch weniger reiche Ausschmückung und geben dem Chor ein einheitliches Gepräge. An die alte Kirche erinnern das Gott-Vater-Relief und das von Wolframsdorfische Epitaph vor dem Chor. Jüngstes Ausstattungsstück ist die 1972 aufgestellte Sauer-Orgel. Ihr modern gestalteter Prospekt fügt sich gut in die das gesamte Kircheninnere prägende Neoromanik ein, in der sich bereits der kommende Jugendstil ankündigt.
Die Kirche steht auf der Höhe zwischen dem ehemaligen Schloß und dem von alten Buchen überschatteten Pfarrhaus. Der Zugang windet sich zwischen künstlich angelegten Felspartien und Baum und Gebüsch nach oben. Zu diesem Gotteshaus kann man nicht eilen. Der alte Friedhof um die Kirche ist nicht mehr vorhanden, er liegt jetzt hinter der Kirche, neben dem alten Schloßpark. Es handelt sich um eine selten schöne und gepflegte Anlage mit sehr viel Grün in Anpflanzungen, Sträuchern und vielen alten, mächtigen Bäumen. Links und rechts vom Eingang die mahnenden Grabstätten der Opfer des Todesmarsches aus dem KZ Buchenwald im April 1945 und der in den letzten Kriegstagen gefallenen Soldaten. Versteckt in der Mitte das Grab der Ehefrau von Pfarrer Sylten und ganz hinten die Grabstätte mit Monument von Julius Sturm. In einem seiner Gesangbuchlieder bekennt er:

> Nie kann dein Morgen trübe, dein Abend dunkel sein;
> denn deines Gottes Liebe gibt ihnen hellen Schein.

Kirchengeschichte, Kirschen und Komet

Pohlitz

Kirschen aus Pohlitz sind bekannt und begehrt, sie gedeihen hier besonders gut und reichlich und lassen manchen das kleine Dorf zwischen Langenberg und Bad Köstritz aufsuchen. Wohl nur in Fachkreisen bekannt sind die naturgeschichtlichen und kirchengeschichtlichen Ereignisse, die mit dem Namen Pohlitz verbunden sind. Im Herbst 1819 fiel auf Pohlitzer Flur ein Meteorstein nieder. Das Naturereignis fand damals großes Interesse in der Fachwelt. Proben des „Pohlitzer Meteorsteins“ befinden sich in fast allen größeren naturwissenschaftlichen Sammlungen der Welt. Im Jahr 1566 unterschrieben in der Kirche zu Pohlitz die Pfarrer der Herrschaft Gera die „Pohlitzer Artikel“. Sie wurden in die „Reußische Konfession“ von 1567 aufgenommen und blieben bis Ende des 19. Jahrhunderts verbindliche Norm in der Kirche von Reuß.

Am Pohlitzer Gotteshaus sind noch deutlich sichtbare Bauteile aus der Zeit um 1200 erhalten. Man findet sie in Apsis und Chor und den dazugehörenden Chor- und Triumphbögen. Spätgotisch ist die kleine Sakramentsnische in der Apsiswand. Den umfassenden Erneuerungsarbeiten nach dem großen Dorfbrand von 1723 entstammen der achteckige Turmoberbau mit Schweifkuppel sowie Gestühl und Empore. Mit der Restaurierung von 1934 und der malerischen Neufassung von 1972 hat die Kirche ihr freundliches Aussehen von heute erhalten. Als Zentrum und raumbestimmend steht der schlichte Steinaltar frei im alten Apsisbogen. Die Kanzel, die seit 1728 in einer Wand zwischen Chor- und Triumphbogen gestanden hatte, hat nun ihren Platz unmittelbar vor der Gemeinde. Das Weiß an Wänden und Gestühl und die lichten Farben an Kanzel und Empore machen die Kirche recht einladend. Sie steht mitten im alten Teil des Friedhofes. Der Eingang gegenüber den alten Gehöften und neben dem gepflegten Denkmal unter hohen Bäumen erinnert an frühere Zeiten. Bis zur Reformation versorgte der Langenberger Vikar in Caaschwitz Kirche und Gemeinde in Pohlitz. Um 1540 kam sie als Filial zu Langenberg, seit 1957 gehört sie zur Pfarrei Bad Köstritz.

Einst zwei Dörfer

Gleina

Gleich hinter Bad Köstritz, etwas abseits der Straße nach Krossen, ist der Köstritzer Filialort Gleina zu finden. Das kleine Dorf hat eine bis heute noch nicht ergründete Geschichte. Das Bächlein trennte einst die aus sorbischen Siedlungen hervorgegangenen Dörfer Zwicka und Gleina. Jedes war eine selbständige Dorfschaft, und jedes unterstand einer anderen Gerichtsbarkeit. Zwicka ist 1409 noch urkundlich nachweisbar, bei der Einführung der Reformation 1533 ist es aber bereits in Gleina aufgegangen. Die Ursache dieser Dörferzusammenlegung ist nicht bekannt.

Auch über die Kirche im ehemaligen Zwicka ist wenig bekannt. Daß sie aus einer kleinen Kapelle hervorgegangen ist, lassen das Halbrund der Apsis und der romanische Chorbogen vermuten. Die Erweiterung zur Kirche steht vermutlich im Zusammenhang mit der Vereinigung der beiden Ortschaften. Ein Veränderungsbau im Jahr 1801 hat der Kirche Gestalt und Aussehen von heute gegeben. Das Dachgeschoß mit Fachwerkgiebel trägt einen kleinen achteckigen Dachreiter mit Schweifkuppelchen. Ganz schlicht, ohne jede ornamentale Ausschmückung und noch in alter Ausmalung zeigt sich die Innenausstattung. Den wenigen Bänken, der kleinen Empore und der Orgel von 1866 steht der Kanzelbau hinter dem Altar gegenüber. Ein hohes Säulenpaar mit Quergesims und Dreieckgiebel begrenzt die Kanzel, die aus der Holzwand des Kanzelbaues hervortritt. Die Gittertür in der alten Bruchsteinmauer öffnet den Weg über den Friedhof zur Kirche. Das Grün von Rasen und Baumwuchs umrahmt das alte Gotteshaus.

Großartig ausgestattet

Reichardtsdorf

Am Ausgang des Eleonorentales, das sich in den großen Waldungen westlich von Bad Köstritz verliert, liegt der kleine Ort Reichardtsdorf. Wohltuend das Idyll von Tal und Dorf, überraschend die Größe der Kirche, überraschender ihre Innenausstattung. Bis 1533 war der Ort, ein ehemals Lausnitzer Klosterdorf, mit Grüna und Stübnitz eine selbständige Pfarrei. Seit der Einführung der Reformation war Reichardtsdorf viereinhalb Jahrhunderte Filial der Pfarrei Rückersdorf. Seit 1985 versorgt der Pfarrer aus dem näher gelegenen Bad Köstritz die stattliche Kirche des kleinen Dorfes.

Über die alte Kirche ist wenig bekannt, mit Sicherheit war sie wesentlich kleiner als die Kirche von heute. 1822 hatten sich die Reichardtsdorfer ein neues und größeres Dreier-Geläut angeschafft. Bald erwies es sich als zu schwer für den Turm, er kam ins Wanken. Da mit der Zeit auch das Langhaus reparaturbedürftig geworden war, entschloß man sich kurzerhand zum Neubau. 1840 wurde damit begonnen, 1843 konnte die neue Kirche am Nordhang eingeweiht werden. Es war ein großer Bau mit einem stattlichen achteckigen Turm geworden, ihre noch brauchbare Ausstattung überließ man anderen Gemeinden. Bereits ein halbes Jahrhundert später, um die Jahrhundertwende, hat die Gemeinde ihre Kirche erneut und überaus großartig ausgestattet. Hatte das kleine Dorf weder Fürst noch Schloß, wie das benachbarte Köstritz, so sollte es wenigstens eine stattlichere und prächtigere Kirche als die in Köstritz haben. Das Geld dazu hatte sie. Reichardtsdorf war eine durch großen Waldbesitz vermögend gewordene Gemeinde.

Noch heute überrascht die Ausstattung, in der die Großzügigkeit der Gemeinde ihren Ausdruck findet. Der Vorraum unter dem Turm nimmt sie schon vorweg. Die Innentür, die Gedenktafeln für die Opfer beider Weltkriege und die übergroßen Opferbecken stehen in Gestaltung und Verzierung denen in einer großen Stadtkirche nicht nach. Noch prunkvoller zeigen sich die sakralen Ausstattungsstücke. Die Kanzel am Südpfeiler des Triumphbogens, ornamental reich verziert, steht auf einer übermäßig hohen, mächtigen Säule mit kräftigen Hohlkehlen und Wulstleisten. Nicht weniger reich gestaltet sind das wuchtige Taufgestell und der Altartisch. Die gesamte Innenausstattung, die von einer handwerklich guten Tischlerarbeit Zeugnis gibt, ist im Übergangsstil von Neoromanik zum Jugendstil gehalten. Ihr dunkler Holzton läßt alles schwer und massig erscheinen, gibt aber dem hohen und großen Raum das rechte Gepräge. Die Mitte dieses Jahrhunderts an die Triumphbogenwand angebrachten leichten Skizzierungen biblischer Szenen wirken fremd in einer Kirche, in der alles großartig ist. Die Gemeinde ist recht klein geworden.

Heute ohne Grenzen

Rüdersdorf

Rüdersdorf, in einer Mulde oben zwischen Erlbach und Schafsgrund, hat eine verworrene Geschichte hinter sich. Im Verlauf der Jahrhunderte waren für das Dorf zehn Lehnsherren und sechs Gerichtsbarkeiten zuständig. 1891 berichtet der Chronist mit Stolz: „Alle diese Dinge sind jetzt geordnet. Rüdersdorf hat jetzt nur noch je einen altenburgischen und reußischen Bürgermeister, Gemeinderat, Standesbeamten und Polizeidiener. Doch ist Fürsorge getroffen, daß in dringenden Fällen die Landesgrenze nicht hinderlich ist." Dabei verlief diese Grenze nicht nur mitten durch die Flur, sie zog sich auch regellos durch den Ort. In manchem Haus wurde das Brot im altenburgischen Backofen gebacken und am reußischen Tisch gegessen.

Wenigen Bauern stand eine große Anzahl von Handwerkern und Wald- und Steinbrucharbeitern gegenüber. Diese Grenzen und das daraus erwachsene Grenz-Denken und Grenz-Behaupten führten immer wieder zu Uneinigkeit und Streit.

Das einzige, was ihnen gemeinsam war, das war die Kirche. Sie unterstand dem Konsistorium in Altenburg. Als 1765 das Gotteshaus baufällig und zu klein geworden war, einigten sich die Einwohner zwar über den Abriß, aber nicht über den Wiederaufbau. Pfarrer Samuel Dietrich vermerkt 1767 in seiner Chronik:

„Einer ist dem andern zuwider. Der Kirchen- und Turmbau ist wegen eingerissenen Zwiespalts sehr saumselig gegangen, bis er endlich von außen so weit ist vollbracht worden. Wer aber die innere Ausbauung und Auszierung erleben wird, das weiß Gott." Dietrich hat es nicht mehr erlebt, er starb 1772. Von der alten romanischen Anlage waren der untere Teil

des Turmes und die Apsis stehengeblieben. Bis 1772 waren dann Turmaufbau und Vergrößerung des Langhauses abgeschlossen. Die Innenausstattung zog sich über einen längeren Zeitraum hin, im 19. Jahrhundert wurde sie wieder verändert. Das weiträumige Langhaus hat in der Orgel von 1781 spärliche, an der nördlichen Bankreihe eine kaum auffallende, aber doch beachtenswerte Ausschmückung. Die Wangen haben eigenartige Schnitzereien von Menschen- und Tiergestalten. Anders als sonst ist auch die hinter dem Triumphbogen eingebaute Holzwand. Sie dient lediglich als Hintergrund und Umrahmung für den schmucklosen Altar. Durch Türöffnungen und Gitterwerk aufgelockert, steigt sie von den Seiten her bogenförmig zur Mitte auf, auf der Giebelspitze trägt sie im Strahlenkranz die Schnitzfigur des Auferstandenen mit der Siegesfahne. Der Taufengel, der vor dem Bogen von der Decke schwebt, ist vermutlich aus der alten Kirche übernommen worden. Eine sparsame malerische Ausgestaltung Mitte unseres Jahrhunderts hat dem weiten und hohen Kirchenraum ein freundliches Aussehen gegeben.
Ein großer, im vorderen Teil schattenreicher Friedhof umgibt die Kirche. Als man an ihr baute, gab es Streit, und es gab noch Grenzen. Mit dem Ende der Territorialstaaten und mit der Eingliederung von Rüdersdorf und der eingepfarrten Orte Stübnitz und Grüna in die Superintendentur Gera sind die Grenzen gefallen.

Glückliche Heimkehr

Pörsdorf

Etwas östlich von Rüdersdorf, und auch in einer kleinen Mulde gelegen, findet man Pörsdorf. Als reußisches Dorf war es bereits vor der Reformation von der altenburgischen Pfarrei Rüdersdorf geistlich versorgt worden. Mit den dortigen Streitigkeiten hatte es nichts zu tun. Ging es um ihre Kirche, dann erwiesen sich die Pörsdorfer meist als recht selbständig. Ihre Kirche ist alt, im Turmunterbau ist noch das Mauerwerk der ehemaligen Kapelle aus dem 13. Jahrhundert erhalten. Auch sie ist, wie die meisten Dorfkirchen, durch spätere Erweiterungs- und Umbauten zur Kirche von heute geworden. Sie muß 1835 recht baufällig gewesen sein, als man unter Benutzung der Grundmauern des alten Gotteshauses ein neues errichtete.

Nach der Erneuerung von 1876 und der Ausmalung von 1959 bietet es das typische Bild eines Kirchenraumes, der ganz von seinem Kanzelbau geprägt ist. Er erhebt sich hinter dem abgeflachten Triumphbogen bis in Deckenhöhe und trägt zwischen Pfeilern mit verzierten Kapitellen und Dreieckgiebel die Kanzel. Sparsame Ausmalung in Blau und Weiß und ein wenig Vergoldung verhelfen dem schlichten Kanzelbau mit zu jener Beachtung, die ihm als sakralem Mittelpunkt zukommt. Für die durch den Umbau in Geldnot geratenen Pörsdorfer war es eine Hilfe, daß ihnen die reichen Reichardtsdörfer ihre alte Orgel billig überließen. Das Kuriosum von Pörsdorf, die alte Sturmglocke von 1754 an der Toreinfahrt in der alten Friedhofsmauer, ist nicht mehr vorhanden. Sie mußte für Kriegszwecke abgeliefert werden und kam nicht wieder. Wiedergekommen ist aber die Turmglocke von 1730, sie hatte im Glockenlager Hamburg den Krieg überlebt. Wenn auch der Kirchturm die Dächer im Dorf nicht weit überragt, den einladenden Ruf der Glocke im Turm können die Pörsdorfer hören.

Kirche zu Hirschfeld,
Turmuhr

Kirche zu Söllmnitz

Kirche zu Wernsdorf

Kirche zu Bethenhausen

Kirche zu Großaga,
Taufgestell aus dem
18. Jahrhundert

Kirche zu Pohlitz

Kirche zu Roben

Kirche zu Bad Köstritz,
Blick zum Altar

Friedhof zu Bad Köstritz,
Grabmal von
Pfarrer Julius Sturm

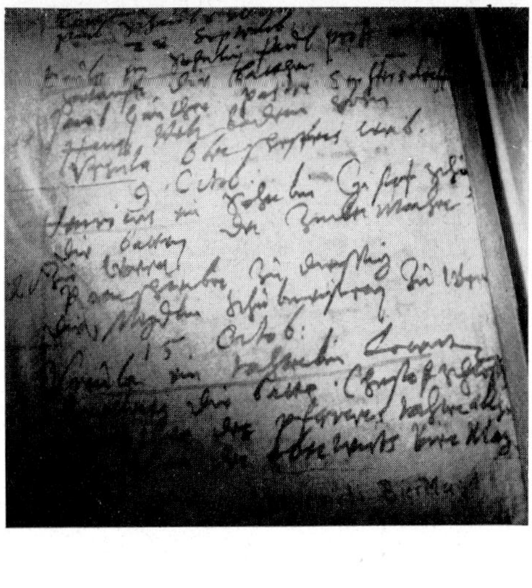

Bad Köstritz,
Kirchenbuch mit Taufeintrag
vom 9. Oktober 1585 mit dem
Namen von Heinrich Schütz

Kirche zu Gleina

Kirche zu Reichardtsdorf

Kirche zu Rüdersdorf

Kirche zu Pörsdorf

Kirche zu Mühlsdorf

Kirche zu Kraftsdorf

Kirche zu Harpersdorf

Kirche zu Niederndorf

Kirche zu Waltersdorf

Kirche zu St. Gangloff

Kirche zu Reichenbach

Kirche zu Großsaara

Kirche zu Geißen

Kirche zu Geißen,
Taufgestell aus dem 18. Jahrhundert

Ein Stück Vergangenheit

Mühlsdorf

Der Rüdersdorfer Pfarrer hat heute einen kurzen und bequemen Weg in seine Filialgemeinde Mühlsdorf. Bis 1956 aber hatten die Pfarrer aus Frankenthal einen weiten und beschwerlichen Weg über Töppeln, durchs Erlbachtal und dann im langen und steilen Anstieg hinauf auf die Höhe, zu Fuß, bei Wind und Wetter. Ihr Dienst hat darunter nicht gelitten.

Die Kirche in der Mitte des kleinen Dorfes auf dem Bergrücken ist in ihrem Ostteil sehr alt. Im Chor, der den Turm trägt, und in der halbrunden Apsis, die jetzt als Sakristei dient, läßt sich der romanische Kapellenbau fast noch unverändert vorfinden. Der Turmoberbau mit dem auffallend breiten Satteldach entstammt späterer Zeit. Da die Visitationsakten von 1533 Mühlsdorf noch mit einer „Capel" erwähnen, kann das Langhaus erst nach der Reformation errichtet worden sein. Zweihundert Jahre später war es schon wieder so baufällig, daß es abgebrochen und wieder aufgebaut werden mußte. Diese Bauarbeiten hatten die Mittel der kleinen Gemeinde so erschöpft, daß sie die Innenausstattung bis 1785 aufschob. Diese fiel dürftig aus und blieb so bis heute bestehen. Altar und Kanzel sind in der damals üblichen Art übereinander geordnet in den Chorraum gesetzt worden. In den schmucklosen Bau dieser Bretterwand, die bis an das Mauerwerk reicht, bringen die übereinander geordneten Flachbogenöffnungen etwas Bewegung. Der schlichte Kanzelbau und die gleich schlichte Ausstattung des Langhauses entsprechen einander dem Stil des frühen 19. Jahrhunderts. Nicht angemessen wirkt der Ausgang des 19. Jahrhunderts an die Westfassade angefügte Vorbau mit Aufgang zu Orgel und Empore. Es ist ein fremder Zusatz an ein altes Bauwerk, das weit in die vergangenen Jahrhunderte zurückreicht. Betritt man den Friedhof von Osten her, dann bietet sich die Kirche mit ihrem mächtigen Breitturm und der alten Apsis als ein echtes Stück Vergangenheit dar.

Die große gute Stube

Kraftsdorf

Wie auf einer Perlenschnur aufgereiht liegen beiderseits des Erlbachs die Häuser von Kraftsdorf, Harpersdorf und Niederndorf, des Pfarrortes und seiner beiden Filialdörfer. Bach und Straße waren nicht immer nur Freund und Helfer für die Bewohner. Hochwasser und Truppendurchzüge in Kriegszeiten haben oft und viel großes Leid über die Gemeinden gebracht. Heute bieten die Dörfer mit ihrem reichen Bestand an restaurierten Fachwerkgehöften und -häusern des 18. und 19. Jahrhunderts ein freundliches Bild.

Kraftsdorf, das früher aus einem altenburgischen Oberdorf und einem reußischen Unterdorf bestand, hatte seine Kirche im Unterdorf, am Hang hinter dem Pfarrhaus. Bereits 1658 war sie durch Hochwasser stark beschädigt, 1737 dann so baufällig, daß ein Neubau dringend notwendig gewesen wäre. Aber er scheiterte an der Uneinigkeit über den Standort der neuen Kirche. Hundert Jahre später, 1841, plante man wieder. Erneut gab es Streit zwischen Ober- und Unterdörflern. 1844 war endlich die Lösung gefunden: Oben am Hang über der Dorfmitte konnte nach Fluraustausch mit dem Neubau begonnen werden. 1846 drohte der fast fertiggestellte Kirchturm wieder einzustürzen, man mußte ihn nochmals bauen. 1848 war der große und stattliche Bau fertiggestellt. Die Gemeinde hatte ihre neue Kirche, die alte konnte abgebrochen werden. 1980 und 1984/85 war man wieder tätig, aber diesmal ganz ohne Streit. Jetzt hat die Gemeinde nach einer umfassenden Außen- und Innenerneuerung nicht nur eine stattliche Kirche, sie hat in ihr die große „gute Stube" von Kraftsdorf.

Vorbei am hohen Wandkreuz, der mahnenden Erinnerung an die Kriegsopfer, kommt man durch die handgeschmiedete, halbrunde Gittertür ins Gotteshaus. Eine Lichtflut von Weiß, ein wenig Hellblau und Vergoldung erfüllen den hohen und weiten Raum. Beherrschend in ihm ist der Kanzelbau. Zwischen rundbogigen Fenstern in einer halbhohen Mauer steht der Altar mit den Symbolen von Glaube, Liebe und Hoffnung und einem Jesusbild des 19. Jahrhunderts, darüber zwischen verglastem Holzrahmenwerk die Kanzel. Der große Taufengel, der in Höhe der zweiten Empore vor dem Kuppelrand schwebt und das Epitaph des 1613 verstorbenen Pfarrers Nerling vor der Nordwand, Schnitzwerke des Früh- und Spätbarock, sind eine Erinnerung an die alte Kirche. Der wertvolle gotische

Flügelaltar kam leider beim Neuaufbau von 1844 nicht wieder zur Aufstellung. Man übergab ihn dem Geraer Museum. Ganz neu sind die reich gegliederten Brabanter Kronen über dem breiten Mittelgang und groß, wie alles in der Kirche, die Orgel mit ihrem schön gegliederten Prospekt, 1844 von Poppe-Altenburg erbaut.
Wer von oben am Hang im Vorbeifahren mit dem Zug auf der Strecke von Gera nach Jena auf Friedhof und Kirche herabschaut, mag sie kaum beachten. Sie erscheint klein, wie alles, auf das man herabschaut. Von unten, vom Dorf aus schaut man auf eine große Kirche. An ihr und in ihr ist wenig zu finden, was nicht neu oder erneuert ist. Es ist wie bei einer „guten Stube".

Ganz neu

Harpersdorf

Das lange Straßendorf beiderseits des Erlbachs hat nicht mehr seine alte Kirche von einst. Sie fiel einem Bombenwurf in den letzten Kriegstagen zum Opfer. Bereits 1949 konnte die von Grund auf neuerbaute Kirche feierlich eingeweiht werden. Die Harpersdorfer und die eingepfarrten Kaltenborner waren damals schnell und tatkräftig an den Neuaufbau gegangen. Nun hat die Gemeinde ein schlichtes, aber recht schönes und würdiges Gotteshaus. Es ist ein Rechteckbau aus Sandsteinquadern, dem im Osten ein viereckiger Turm mit Zeltdach angefügt ist. Die Innenausstattung ist klar und übersichtlich. Wo sonst Kirchen durch Erweiterungen und Veränderungen ihre Einheitlichkeit verloren haben, hat hier der Neubau eine Kirche erstehen lassen, in der alles seine rechte Zuordnung und Gestaltung gefunden hat. Das Gestühl beiderseits des breiten Mittelganges und die von Längs- und Querbalken getragene Holzdecke, beides in natürlicher Holztönung, geben mit dem grauen Farbton der Emporen und den hellen Wandflächen eine harmonische Abstufung vom Dunklen zum Lichten. Ein Meisterstück handwerklicher Kunst ist der große handgeschmiedete Radleuchter über dem Mittelgang. Die Kanzel vor dem abgeflachten Triumphbogen in gleicher Höhe wie die Empore und gleicher Gestaltung wie deren Brüstungsfelder, bildet den Übergang zum Chor. Hier nun ist alt und neu vereint. Neu ist die Holzdecke mit kräftiger Ornamentmalerei, älter der Altar aus Marmor und im Jugendstil und der einfache Taufstein aus der alten Kirche. An die fünfhundert Jahre alt ist das Holzrelief der Himmelskönigin. Diese Schnitzfigur der Maria mit dem Jesuskind auf dem Arm gehörte einst als Mittelstück zu einem gotischen Flügelaltar. Irgendwann wurde er entfernt und verdarb. Nur die Marienfigur überlebte und blieb in der alten Kirche. 1945 wurde sie gerettet. Nun gehört sie zur neuen Kirche.

Alt und doch neu

Niederndorf

Schon der Name macht es deutlich, daß Niederndorf talabwärts am Erlbach liegt. Es hat die gleiche Vergangenheit wie Harpersdorf und Kraftsdorf. Nur mit der Geschichte der Kirche ist es anders gelaufen. Das ist schon äußerlich sichtbar. Dem baulichen Zustand nach ist sie die älteste Kirche. Nach einem Brand im Jahr 1665, den nur das starke Mauerwerk überstand, ist sie nach dem Wiederaufbau von 1669 äußerlich unverändert geblieben.

Ganz anders im Inneren. Da ist seit der Restaurierung von 1962/1963 alles wie neu. Neu im Chor sind Altar und Taufe aus heimischem Sandstein sowie auf der Westempore das kleine Positiv aus der Orgelwerkstatt Schmeißer-Rochlitz. Auch der handgeschmiedete Kranzleuchter und die Heizung stammen aus dieser Zeit. Die gesamte Innengestaltung gleicht einem Neubau. Der Chor hinter dem romanischen Triumphbogen, vorher durch viele Einbauten verunstaltet, ist nun würdiger sakraler Mittelpunkt. Vom alten Pfarrgestühl mit geschnitztem Gitterwerk führt der Zugang zur Kanzel im Langhaus durch die starke Triumphbogenwand hindurch. Die schlichte Kanzel ist ein Werk aus der Zeit des Wiederaufbaus von 1669. Damals entstand auch die schöne Balkendecke. Beachtenswert an ihr ist der mächtige Längsbalken mit seiner stark ausgeprägten Profilierung und den Schnitzereien an der Unterseite. Balken und das eingefügte Fischgrätenmuster zeugen von der Kunst des Zimmermannshandwerks im 17. Jahrhundert. Die Gemeinde kann sich freuen über ihre alte Kirche, die doch so neu geworden ist.

Einst eine heilige Ruine

Waltersdorf

Für das ehemalige reußische Unterland war Waltersdorf als westliches Grenzdorf von Bedeutung. Hier vereinigten sich mehrere Quellbäche zum stets wasserreichen Saarbach; durch Waltersdorf führte bis 1840 die alte Straße nach Stadtroda. Vom Bach getriebene Mühlen, besonders aber das im Dorf stark vertretene Landfuhrwesen, verhalfen dem Ort zu einer gewissen Wohlhabenheit. Mitte des 18. Jahrhunderts soll der Landfuhrmann Jobst Görisch der reichste Bauer in der Geraer Herrschaft gewesen sein. Auf seinem Grabstein, der nicht mehr vorhanden ist, stand das für den Berufsstolz dieses Bauern bezeichnende Wort: „So fahr' ich hin zu Jesu Christ mit Pferden, Peitsch' und Wagen." Bach und Straße haben aber auch oft Hochwasser und Kriegsvölker ins Dorf gebracht.

Während das Pfarrhaus unten am Bach wegen dauernder Wasserschäden als „erbärmlich und fast unbewohnbar" immer wieder erneuert werden mußte, hatte die Kirche am Hang einen besseren Stand. Trotzdem war an ihr dauernd zu reparieren, sie blieb „ein unaufhörliches Flickwerk". Obwohl sie schon 1632 als baufällig bezeichnet wurde und für den Turm trotz Reparaturen seit 1672 ständig Einsturzgefahr bestand, konnte man sich zu keinem Neubau entschließen. Er wurde notwendig, als 1750 bei einem Großfeuer, das die St. Gangloffer Räuberbande angelegt hatte, neben elf Bauerngütern und der Schule auch Kirche und Turm vernichtet wurden. „Das Feuer tilgte die heilige Ruine" schreibt der Chronist. Daß die Gemeinde, von der der größte Teil das ganze Hab und Gut verloren hatte, in den zwei Jahren von 1752 bis 1754 ihr Gotteshaus neu aufbaute, kann uns heute staunen lassen. Eine großartige Ausstattung war natürlich nicht möglich. Etwas Verzierung zeigt der große Kanzelbau. Pilaster gliedern ihn in drei Teile, die Außenseiten sind durch Tür- und Bogenöffnungen aufgelockert. Die Kanzel mit geschweiftem Sockelgesims und Rokokoschild, der Schalldeckel mit geschnitztem Quastenwerk zeigen, daß man damals, als große Not war, getan hat, was zu tun möglich war. Der Neueinbau eines Gemeinderaumes unter die Orgelempore im Jahr 1975, der zugleich als Winterkirche genommen wird, könnte der Anfang sein für das, was nun wieder nötig ist. Eine heilige Ruine, das war einmal.

Das Thüringische Rom

St. Gangloff

Nicht von Rom als Zentrum geistlicher Macht und Pracht, sondern von dem alten heidnischen Rom hat das weit zerstreute Dorf diesen Beinamen erhalten. Es ist, wie Rom, auf sieben Hügeln erbaut. Ursprünglich eine kleine Befestigungsanlage am Rande des Holzlandes und 1266 erstmals als „Warte" erwähnt, trägt es nach der Gründung einer dem St. Gangolf geweihten Kapelle den Namen St. Gangloff. Der Heiligenname klingt in der volkstümlichen Benennung „Gangelndorf" noch nach. Der Ort hat eine recht bunte Geschichte hinter sich. Jahrhunderte nährte die Arbeit im Walde das anfangs kleine Dorf. Ende des 16. Jahrhunderts hatte es nur acht Häuser. Allmählich folgte dann die Besiedlung der sieben Hügel. Erst seit 1840 erfuhr das Dorf durch den Bau der „Kunststraße" von Gera nach Stadtroda einen spürbaren Aufschwung. Vorher hatte es ein etwas verborgenes, zeitweise sogar berüchtigtes Dasein geführt. In der Mitte des 18. Jahrhunderts war St. Gangloff der Sitz der gefürchteten Räuberbande des Schwarzen Michel, die lange Zeit Ort und Umgebung durch Brand, Raub und Mord in Schrecken setzte.

Die kleine Kapelle, bis zur Reformation Ziel von Wallfahrten, unterstand dem Kloster Lausnitz, von 1526 bis 1581 dem dortigen evangelischen Pfarrer. Der weiten Entfernung wegen kam sie dann zum näher gelegenen Pfarramt von Waltersdorf. Die geistliche Versorgung der altenburgischen Gemeinde St. Gangloff durch das reußische Pfarramt Waltersdorf war bis 1859 wegen der kirchlichen Oberhoheit Anlaß zu dauernden Differenzen zwischen Altenburg und Gera. Das alles gehört der Vergangenheit an, der Pfarrer von Waltersdorf wohnt seit 1964 in St. Gangloff.

Die 1650 durch Anbau zur Kirche erweiterte Kapelle war trotz laufender Reparaturen um 1750 „so incurabel", daß ein Neubau notwendig wurde. 1754 konnte die kleine und arme Gemeinde mit Hilfe einer in der altenburgischen und reußischen Herrschaft erhobenen Landeskollekte mit dem Bau beginnen. Nach zwei Jahren war er beendet, die alte Kirche daneben konnte abgebrochen werden. Daß die Kirchen in St. Gangloff und Waltersdorf sich weithin ähneln, kann nicht verwundern. Bei beiden waren Bauherren und Baumeister die gleichen Personen. Als Magister Conrad Schmidt im Jahr 1750 das Pfarramt in Waltersdorf übernahm, fand er eine abgebrannte Kirche vor. Als der Wiederaufbau beendet war, folgte der Neubau in St. Gangloff. Er war erheblich größer ausgefallen, die Innenausstattung aber blieb vorerst dürftig. Die aus Sparsamkeitsgründen aus der alten Kirche übernommene Kanzel mußte, da sie „dem Prediger lebensgefährlich" wurde, 1784 durch den großen Kanzelbau ersetzt werden. Bis auf eine geringe Abänderung im mittleren Teil ist er das Abbild des Waltersdorfer Kanzelbaues. Mit den hellen Abstufungen der farblichen Neufassung von 1972 hat die Kirche ein recht freundliches Aussehen bekommen. Das gilt auch für den Kirchturm. 1982 wurde er neu eingedeckt und die große alte Wetterfahne erneuert und vergoldet. Mit ihrer eigenartigen Symbolanordnung von Löwe, Drachen und Wappen und dem Christusmonogramm leuchtet sie weithin. Sichtbar will sie verkünden: Die Kraft Christi siegt über das Böse.

Am Rande des Holzlandes

Reichenbach

Daß Reichenbach am Rande des Holzlandes liegt, ist unverkennbar. Einmal sind es die schon vor dem Dorf beginnenden Waldungen, mehr aber noch die Leitern, die darauf hinweisen. Hier und da liegen sie aufgestapelt vor den Häusern. Noch vor wenigen Jahren war der Leitermann aus Reichenbach bis weit über das Geraer Land hinaus bekannt. Wer Leitern und Rechen brauchte, wartete auf ihn, auch wenn nach einer alten Wetterregel sein Erscheinen zugleich Regenwetter ankündigte. Der Regen kommt jetzt auch ohne ihn. Das Jahrhunderte alte Handwerk hat nur noch wenige Vertreter. Auch das der „Porzelliner", der Porzellanmaler, die hier bereits im vergangenen Jahrhundert ihr Kunsthandwerk ausübten, ist nur noch gering vertreten. Altes und Neues begegnen sich in Reichenbach. Auffallend sind die schönen alten Fachwerkhäuser, die überbauten Toreinfahrten und hier und da noch Bohlenwände und Laubengänge in den kleinen Höfen.

Bis vor wenigen Jahren war Reichenbach kirchlich mit Hermsdorf verbunden, jetzt wird es von St. Gangloff aus versorgt. Die Kirche oben am Hang des lang hingestreckten Dorfes ist ein Neubau aus dem Jahr 1726. Damals mußte die alte baufällige und auch zu klein gewordene Kirche

abgebrochen werden. Das neue Gotteshaus mit Schweifkuppelaufsatz auf dem Turm erhielt 1880 den Anbau im Westen mit Aufgang zu Orgel und Emporen. Noch Bestandteil der alten Kirche, von der nur der Turmunterteil stehengeblieben war, ist der Triumphbogen, hinter dem 1726 der Kanzelbau in einfachster Gestaltung eingefügt wurde. In ihm steht über dem Altar die Kanzel, geschmückt mit den Bildern der Apostel. Die Brüstung beiderseits der Kanzel zeigt in ihren Feldern die Symbole der vier Evangelisten. Möglicherweise stammt die Malerei am Kanzelbau von Vorfahren der Porzellanmaler, die 1936 dem Langhaus durch die satten Farben der Blumen- und Ornamentmalerei auf den Emporenfeldern ein recht buntes Aussehen gegeben haben. Ansprechender als die gewölbte Holzdecke über dem Gestühl ist die kunstvolle Balkendecke über dem Chor mit den kräftig gekehlten Balken und schönen Fischgrätenmuster. Sicherlich wird noch manche „gute Stube" im Dorf dieses seltene, wertvolle Zeugnis der alten Zimmermannskunst haben und behalten.
Hangaufwärts hinter der Kirche haben sich die Reichenbacher im Jahr 1982 für ihre Gemeindearbeit und als Winterkirche ein kleines Gemeindehaus geschaffen. Es ist hier alles ganz modern aus Fertigbauteilen errichtet und mit allem Notwendigen eingerichtet.

Verborgene Schätze

Großsaara

Großsaara, gelegen in der Mitte des Saarbachtales, ist in seiner Geschichte geprägt von dem Bach und der an ihm entlangführenden alten Straße nach Stadtroda. Beide haben dem Ort Gutes und Ungutes gebracht, die Bewohner haben davon und damit gelebt. Schon in recht früher Zeit ist die Kirche am Nordhang, von der Gutsherrschaft gegründet, als Grablege eingerichtet und später zur Pfarrkirche erweitert worden. Von dieser alten Kirche sind Reste noch im östlichen Mauerwerk erhalten geblieben. Das heutige Gotteshaus ist, bis auf den Turm, ein erweiterter, fast vollständiger Neubau aus den Jahren 1734 bis 1749. Der bereits 1842 wieder baufällig gewordene Turm wurde 1863 in übertriebener Nachahmung des gotischen Baustils so bizarr gestaltet, wie er bis zu seiner geplanten Vereinfachung noch zu sehen ist: auf dem obersten Turmgeschoß ein Satteldach, eingefaßt von Ziergiebeln und Eckfialen, auf dem Satteldach ein hoher Dachreiter mit kleinem Satteldach und darüber ein spitzer Helm. In diesem Turm hängen die ältesten Glocken im Saarbachtal. Es sind verborgene Schätze aus den Jahren 1492 und 1655.
Die Innenausstattung des Langhauses ist einfach. Gestühl, Doppelemporen, Orgel und die tonnenartige Decke sind schmucklos und einfarbig gehalten. Der Kanzelbau im Triumphbogen hinter dem Altar zeigt die Stilform des 18. Jahrhunderts in schlichter Gestaltung. Überaus hohe Pilaster, die zwischen Bogendurchgängen an den Außenseiten aufsteigen und von einem Dreieckgiebel abgedeckt sind, begrenzen die Kanzel. Diese bringt mit ihrer geschweiften Konsole und dem reußischen Landeswappen etwas Bewegung in die sonst recht starren Formen des Kanzelbaus. Sein verborgener Schatz ist das Wort, das hier verkündet wird. Verborgene Schätze mit Kunstwert sind, trotz mancher Beschädigung, der barocke Taufengel und die sehr wertvollen Schnitzfiguren eines ehemaligen gotischen Flügelaltares aus der Zeit um 1500. Vielleicht werden sie einmal restauriert und Schmuckstück einer erneuerten Kirche. Schlicht ist der kleine Gemeinderaum, den sich die Saaraer 1974 unter der Orgelempore eingerichtet haben. Er dient zugleich als Winterkirche für die kleine Gemeinde aus Groß- und Kleinsaara, die jetzt mit ihrer Filialkirche in Geißen vom Pfarramt zu Waltersdorf versorgt wird.

Interessante Entdeckungen

Geißen

Von welcher Seite man auch dem Dorf Geißen näher kommt, als erstes wird das Gotteshaus oben über Dorf und Saarbach sichtbar. Von unten aus ist nur eine alte, mächtige Linde zu sehen; erst beim Näherkommen nach steilem Anstieg zeigt sich die Kirche hinter Baum und Friedhofsmauer. Man sieht sogleich, daß in Apsis und Turmunterteil noch die alte Kapelle aus der Gründungszeit vorhanden ist. Das Turmobergeschoß mit vierseitigem Satteldach gehört dem ausgehenden 13. Jahrhundert an. Durch Anbau des Langhauses wurde sie später zur Kirche erweitert, der Vorbau im Westen entstammt dem 17. Jahrhundert.
Die andere Entdeckung macht man beim Betreten des alten Gotteshauses. Hier sind in Bauwerk und Ausstattung Romanik, Gotik und Rokoko in einem Raum vereint. Romanisch sind das Halbrund der Apsis, die kleinen Rundbogenfenster und die Sakramentsnische im Chor. Auch der ausgehöhlte Eichenstamm mit Deckel, der zur Aufbewahrung von Geld und Urkunden diente, könnte noch aus jener Zeit stammen. Gotisch ist der dreiteilige Schnitzaltar, eingezwängt zwischen Kanzelbau und Triumphbogenwange. Er hat im Mittelschrein zwischen den Bischöfen Erasmus und Aegidius die Gottesmutter mit dem Jesuskind auf dem Arm. Die Seitenflügel zeigen die heilige Katharina und die heilige Barbara. Die Schnitzfiguren lassen noch etwas von der ursprünglich kräftigen Farbe erkennen, der Schrein wurde 1881 leider braun überstrichen. Bis 1757 hatte er auf dem steinernen Altar gestanden. Bei der Neugestaltung kam er an die Seite, und an seine Stelle trat der große Kanzelbau. Mit ihm ist in dem kleinen Gotteshaus neben Romanik und Gotik nun auch das Rokoko augenfällig vertreten. Doppelte Pilaster mit verzierten Kapitellen und Engelsgestalten darüber und ein großer Strahlenkranz über dem Schalldeckel sind der kunstvolle Rahmen für die Kanzel. Ihre Ausschmückung mit Schleifenornamenten und biblischen Symbolen macht sie sichtbar zum Mittelpunkt des Gotteshauses. Was die Kunst des Rokoko ist, wird besonders deutlich in den spielerisch bewegten Formen der Türbogen seitwärts des Kanzelbaues und am Taufgestell von 1758. Die weiß-graue Marmorierung und das Gold leuchten nicht mehr wie einst. Doch lassen sie auch heute noch erkennen, wie man damals mit lichten Farben und der heiterbewegten Gestaltung von Figuren und Ornamenten seiner Frömmigkeit

Ausdruck geben wollte. Die zarte Stuckverzierung der Decke führt vom Chor in den Gemeinderaum, der in seiner schlichten Ausstattung dem 19. Jahrhundert entspricht.

Hier macht man die dritte Entdeckung. In der Kirche zu Geißen gibt es, was in anderen Kirchen kaum mehr anzutreffen ist: jede Bankreihe hat noch eine Tür. Mag es uns heute ein Zeichen des alten Grenzdenkens sein, für die Geißener und Langengrobsdörfer von damals war es der Platz, der zum Haus gehörte und am Sonntag auch von der Hausfamilie in Anspruch genommen wurde.

Alphabetisches Ortsregister

Inhaltsverzeichnis